人性尊嚴的存在背景

項退結 編訂　東大圖書公司 印行

© 人性尊嚴的存在背景

編訂者　項退結

發行人　劉仲文

著作財
產權人　東大圖書股份有限公司

總經銷　三民書局股份有限公司

印刷所　東大圖書股份有限公司
　　　　地址／臺北市重慶南路一段
　　　　六十一號二樓
　　　　郵撥／〇一〇七一七五——〇號

修訂初版　中華民國七十七年一月
修訂再版　中華民國八十二年一月

編　號 E 14024

基本定價　貳元捌角玖分

行政院新聞局登記證局版臺業字第〇一九七號
著作權執照臺內著字第五九二〇五號

ISBN 957-19-0319-1 (平裝)

寫在前面

一八八九年，二顆以後在歐洲思想界大放異彩的巨星相繼於九月及十二月誕生，那就是德國的海德格 (Martin Heidegger, 1889-1976) 和法國的馬賽爾 (Gabriel Marcel, 1889-1973)。他們二人的思想雖頗有距離，但都以具體存在爲出發點。以影響的廣泛而言，海氏遠勝馬氏；但從思想本身的成就來說，馬賽爾的確指出了當代西方思想的一個嚴重缺點，並指出了解救方向。他在當代思想中有其特殊地位，該是一件不爭的事實。

馬賽爾的最基本信念是：人世間的最大痛苦和最大問題是孤獨和隔離。他認爲西方思想往往把一切視爲研究和觀察對象，而不能作內在的參預；甚至人的價值也被某種客觀的社會機能所決定。馬氏認爲人的最基本事實是他的主體性。人與人之間是「主體際」的關係，而非主體對客體的關係。因此人與人之間的正常關係是彼此溝通和共同分享，而不是彼此以「客體」相待，彼此隔離。馬氏稱共同分享、共融是「我與你」的關係，而稱以「客體」相待爲「我與他」或「我與它」的關係。不僅人際關係應是「我與你」的關係，馬氏更進一步認爲人與其他事物也能夠建立深一層的參預關係。當我們欣賞一朶花時，就不衹是「我與它」的情況，而是某種程度的「我與你」關係。

馬氏此理論的認識論基礎如下：往往有人以爲有一種絕對與我人主

觀條件無關的客觀事實，今日的訊息理論 (Information Theory) 似乎植基於此。馬賽爾從他傳播訊息的崗位上（可參看本書＜馬賽爾自傳＞中所云一九一四年擔任紅十字會情報中心主任等等），卻深深覺悟到沒有離開主體性的客觀事實。電腦所告訴我們的基本訊息即從二個選言判斷（或此或彼）中確定其一，訊息單位一般稱為 bit (binary digit 的縮寫)。訊息的傳播都必須經過「輸入」、「變碼」、「傳遞」、「譯碼」、「輸出」等等階段。但儘管有上述傳播訊息的一切條件，沒有探求訊息和最後理解訊息的主體，則一切是徒然（頁五七～五八）。換言之，主體是我人認識任何「客觀事實」的必具條件。馬氏進而指出，我人之所以感受外在世界，是因為某種資料臨在於主體；主體之感受到一朵花的芬芳絕非任何訊息理論所能解釋，而是神妙不可究詰的「奧秘」。「事物臨在於觀察者」，直接揭示出事物的「存在」。因此這所謂「存在」並非與主體無關的「孤島」，而是與主體相依為命的，並且與主體一起構成「奧秘」。沒有主體也就談不到什麼「存在」。主體對客體的神妙活動構成認識，而主體際的關係就是「我與你」的位格際關係。

由於忽視或無視我人在認識「客觀事實」時所有的神妙不可究詰的主體性，斯金納 (B. F. Skinner) 才會把人的尊嚴一筆勾消。他以為祇有像「某甲智商一百二十」以及「某塊石頭重一百磅」這一類句子代表「客觀事實」，而忘記了認識這些「客觀事實」時所發生的主體事實同樣地是事實，甚至比「客觀事實」更有資格稱為事實。

令人驚奇的是：馬氏的「我與你」和「我與他或它」的說法，與猶太哲人馬丁‧布柏 (Martin Buber) 不謀而合。布柏的《我與你》一書於一九二二年出版，而馬氏的《形上日記》於一九二七年出版。但馬氏卻強調自己這一思想並非由布柏抄襲而來，而是他自己的靈感。徵諸馬氏早年對戲劇的寫作活動，我們實在有充分理由相信他的話。

原來馬賽爾雖是哲學家，同時卻也是劇作家。他自承對戲劇的寫作起因於寂寞：他是獨子，沒有兄弟姊妹可以談話，於是他從小就喜歡幻想，幻想出一些人物來交談；這也就是他之成為劇作家的濫觴。在這種情形之下，他很早就有劇本出版，最早的劇本發表於一九一一年，最晚的在一九六一年。而這些劇本的主題之一是人與人間的隔離和融通。馬賽爾早期劇本中的這一類思想既與「我與它」──「我與你」非常接近，當然我們沒有理由說他抄襲布柏。

對我們中國人而言，馬氏的「我與你」和我國傳統的仁暗合。他對世界的「參預」和「分享」態度，也很接近我國古哲與萬物為一體（方東美先生稱之為「總體性和諧」）的詩的意境。馬賽爾又對人世充滿希望，一反沙特的絕望和灰色情調。他也處處表示出對取消人性尊嚴之集權主義的深惡痛疾。他清楚指出共產政權事實上植基於謊言，使人失去所是與所說之間的一致性而與自己發生疏離。因此，沙特的思想我們儘可置之不論。馬賽爾卻是當代存在思想中極有積極建樹的一位功臣。

＊　　　　　＊　　　　　＊

本書大部份均由《人性尊嚴的存在背景》（*The Existential Background of Human Dignity*）英文本所選譯，包括本書中〈我研究哲學的途徑〉、〈什麼是存在〉、〈忠於自己〉、〈存有的奧秘〉、〈人性尊嚴〉、〈必死性、希望與自由〉六篇文章。《人性尊嚴的存在背景》一書的緣起如下：一九六一年馬賽爾應哈佛大學邀請主持「威廉·詹姆斯講座」。由於這一邀請，馬氏被迫對自己的思想儘可能作簡潔扼要的敍述；《人性尊嚴的存在背景》即在此情況中產生，因此是他理論性著作中比較最清楚最易讀的一本書。我們所選譯的六篇可以說是全書九篇中的精萃，因此冒昧保存原書的名稱。除這六篇以外，我們也選譯了他的《存在主義的哲學》(*The Philosophy of Existentialism*)

中的＜自傳＞。這篇文章和＜我研究哲學的途徑＞二文最能幫助我們對他的思想有初步瞭解；後者尤其清新可愛，值得每一位有心研究哲學人士細細去咀嚼。

我們也收集了＜馬賽爾超越戲劇概說＞一文，這是美國學者米且里 (Vincent P. Miceli) 發表於一九六五年夏季《思想》(*Thought*)季刊中的一篇論文。所謂的超越戲劇，意思是以超越隔離而達到共融為題旨的劇本。馬賽爾的三個劇本已經有中文譯本（《隔離與溝通》，先知出版社印行，現已絕版）。馬賽爾的思想和戲劇有內在的聯繫，因此這篇文章可以說是很好的補充。

最後我附加了＜馬賽爾生平及著作簡表＞。這份簡表很不完整，但對讀者可能不無少補。

本書中＜馬賽爾自傳＞、＜我研究哲學的途徑＞以及＜什麼是存在＞三篇分別由張平男、楊世雄、傅佩榮先生等譯成中文，＜馬賽爾超越戲劇概說＞的譯者是方黍小姐，其餘四篇均由岑溢成先生所譯。除＜忠於自己＞、＜存有的奧秘＞及＜必死性、希望與自由＞三篇以外，其餘均已發表於《現代學苑月刊》或《哲學與文化月刊》中。我個人則對全書各篇均曾煞費心思加以訂正，其極大部份的修訂工作非常吃力，所費時間心力簡直不亞於自譯。但應向讀者交代的一點是：我並未逐句核對，祇在發覺譯文上下文意義不連貫時才仔細研讀原文，並努力使原意不致完全走樣。各篇譯文出於不同手筆，文筆難免有極大出入。至於原作者表達時的拖泥帶水，那就無法可施：既不能怪譯者，也不能怪訂正者。讀者儘可以抓住原作者的思想重點，買其珠而還其櫝可也。

＊　　　　　＊　　　　　＊

自從民國六十八年本書問世以來，它已替我國讀者提供了馬賽爾介紹自己思想的最佳入門書。祇可惜早已絕版，而民國七十二年出版的

《是與有》則是他的「哲學日記」，無法替代比較更有系統的本書。東大圖書公司決定再版，實在是一件值得慶幸的事。

　　重閱此書，我發覺許多章的譯文仍不很理想。但我既沒有工夫去作全面修改，也就祇好在意義不明朗之處重譯一些片斷，尤其是在第五章〈存有的奧秘〉中。

項退結　於仙跡岩下
民國七十六年二月十七日

人性尊嚴的存在背景

目　　次

一、自　傳

　　我的童年受到無微不至的照顧，　在某些方面而言則受到相當的拘束，兼且道德氣氛濃厚，衞生措施嚴密；　每憶及此，我便可認清爲什麼「抽象」（abstraction）會成爲我早期哲學思想的主調，　以及爲什麼我對於經驗論幾乎是抱持着輕視的敵意。這種態度似乎是直接反映了我自童年以來對污物及細菌的憎惡。哲學家所云之經驗，對我而言乃是不純而又極難令人相信的。眞的，現實世界實有資批評之處，因爲它時時令我覺得不合而笨拙：　只有在「觀念」（ideas）界我才能建立一個避難所，　躱開日常生活中足以傷害人的接觸。　所以從事哲學研究對我而言，首先便是超越（transcend）。但對此我須先做一些說明。

　　第一、我所謂的觀念是指其最廣泛的意義，而非如柏拉圖所指者。雖然一個超感官世界的構想，在某些方面確曾影響我整個的精神發展，但我一向極厭惡將這世界構想成一個「原型」的宇宙（a universe of Archetypes）。現在我可以說我對這個世界的看法越來越不是屬於「視覺上的」（optical）。　很可能我對於音樂的熱愛，有助於使我不將這個世界想像成爲一個具體的東西；這說明了在我發現叔本華音樂理論之後對於眞理所具有的信念。

　　卽使如此，　卻不能以爲我曾經認爲這種「抽象」對我而言是一個

「可居之地」。 如果我確曾住於這種「抽象」之地的話， 那是因爲我將它當作是遲早要揚帆出發的碼頭。每當我試想重新捕捉這些早年的經驗時，我便想起了飛機場。不論對與不對，我否定經驗論者所瞭解的那種經驗可以作爲跳板：我覺得這種情形下的經驗，將像流沙一樣吸盡人的精神。

無疑地， 這說明了爲什麼我對康德之後的哲學，尤其是謝林(Schelling) 的， 會留有深刻的印象。我討厭斐希特(Fichte)的道德說教以及在絕對與具體「自我」 (ego) 之間的缺乏聯繫。我禁不住認爲具體的「自我」便是眞正的「我」； 到底，問題還不就是在於瞭解它的實在性 (reality) 和它的命運嗎？ 從這個觀點來說， 黑格爾的哲學令我深感疑寶，雖然他對我的吸引力遠超過史比諾沙的理論，後者很奇怪地總是令我嫌惡；但是我覺得兩者似乎都將個人的實在性和命運浸溺於「絕對物」之中，而可能因之消失不見。與這成對比的，我彷彿在謝林所走的遙遠路程的盡端發現了一盞燈光，有一天它可能幫助我發現我自己要走的路。難道就沒有一條艱險的路可以通到更高的經驗，並滿足我心中所感到的具體和個人的需要？ 換句話說， 難道經驗對我而言不能像「樂土」 (Promised Land) 一樣作爲跳板嗎？

如果知道我從幼時起便着迷於戲劇，也許這一切便會顯得清楚些。我之迷於戲劇並不是因爲它壯觀好看，而是因爲它是一種特別的表達形式。不過，我爲什麼特別偏好對話，當時並不清楚。但我較不喜歡故事或描述，而偏愛隱身於所處理題材之後的那種藝術形式。如我在別處所曾指出的， 很早時我便曾有過一種陶醉的經歷， 不但想像得出各種角色，並且將我自己與他們同化而終竟成爲他們的代言人。現在很難說明我怎麼會有這種偏好；無疑地，理由之一是家父具有天生的戲劇感，以及他朗讀劇本的那種無以倫比的聲調和姿態。但我一直認爲與我默默進

行交談的那些想像中的人物,代替了我在現實生活中所欠缺的兄弟姐妹。

　　我想還有一種因素促成了我戲劇才能的發揮。從很小起,我便在家族中眼見了各種迥然不同的脾氣和見解,迫使我太早便意識到: 卽使在最簡單的關係中也隱藏着不能解決的困難情境。這使我深深瞭解在任何環境中都會有不同見解的存在, 因此, 一個眞實公平的心胸只能採取各自的看法, 而不能冀望以一個公式來調和相異的觀點。這使我直覺到判斷力確有某種根本上的弱點存在(且不管哲學上關於「人有否判斷能力」的討論), 並且我們必須假定在言辭之外尚有另一個世界, 在其中我們可以發現到和諧, 甚至可以說是恢復和諧, 不過, 「推理的理性」(raison raisonnante)尚未獲得它所要求的滿足。同時, 對於我而言,音樂可以說是超理性之和諧最佳例證,此種和諧我深信是戲劇所應致力建立和推進的。 這說明了我早期最重要的著作, 〈升A四重奏〉(*Quartet in A Sharp*)可以印證家庭悲劇、音樂和純粹思想之間的互相關係。

　　現在我看得最清楚的是: 戲劇的思想形式, 雖然是處理著這類題材,但它卻說明並事先證實了後來我在純粹哲學方面的著作,也就是有關知識的超越客觀性問題; 這兩種表達形式之間的關聯直到最近, 也就是約一九三〇年, 我才看清楚。至於它們何以在我身上是分開發展, 並且似乎是分道揚鑣, 我就難以說明了。我只能假設: 如果在較早時兩者之間有了交通, 則定將犧牲了彼此本身中的活力和眞純之處。我現在自以爲最富精神內容的劇本, 都是那些沒有事先指定要闡揚哲學思想的,這也許不是巧合吧!

　　將當初我從事研究時經常雜亂不堪的計畫,像棋子或解剖標本一樣排列出來,未免有點令人震驚和可笑。但是對我而言,這似乎是唯一可行的途徑, 以便說明我的工作的偶然性, 以及我早期哲學著作幾乎不成

形狀的特點。毫無疑問地，從事戲劇工作似乎是引導我走出抽象思維之迷宮的途徑；我希望透過戲劇以進入一個有組織的人間境界，我的目標也正是瞭解此種境界的結構。然而，如我在＜無形的門檻＞（*Le Seuil Invisible*）、＜升Ａ四重奏＞或＜打破偶像者＞（Iconoclaste）中所描述的這種人間境界的型式，實際上很接近我自身中的「地下區域」（Subterranean region）之型式；在這個所謂「地下區域」中，我的思想極努力去瞭解自己，並捕捉難以捉摸的一種「實在性」。在這些盲目摸索的年月中，一直縈繞我腦際的問題便是「實在性」的本質。我所要知道的並不是「實在性」為何，而是當我們指陳它的存在時，我們的意思何指，以及當我們說它不能以其外表來表示時，或是這些形貌所掩藏的可能多於它所透露的時候，我們的意思又是何指。「表象」與「實在」之間的差異是否是根本上而又確切的，就如柏拉圖和傳統上柏拉圖學派人士所相信的那樣呢？或者這種差異是否與前進時逐步標出其位置的思想有關連？如果是這樣的話，那麼我們是否應遵從有如黑格爾在其「心理現象論」（Phenomenology of the Mind）中所指出的一種學說，或是柏得利（F. H. Bradley）在其「表象與實在」（Appearance and Reality）中所標出的另一種學說呢？難道「表象」是經收集後再於「實在」的深處加以轉變，也就是「實在」將「表象」包含在其最低層，而加以吸收、駁斥及超越？如果我們認為這種「統合」作用是可能的話，我們是否受到文字的欺騙？自然，我深深認識過錯、謬誤和痛苦的問題。當柏得利談到轉變（transmutation）時，他不就是僅指著可像益智分合圖那樣正確拼出而可加以調整的思想內容嗎？在「過錯」或「謬誤」的本質中，是否有某種東西根本不是內容的一個成份？我相信在這既吸引我又使我充滿疑慮的試圖批判哲學中，我的動機是來自上面曾提到的那種具體感，以及對無法調和之差異的認識，而後兩者

正是我創造的根源。而唯有這才是我寫作時兩種不同發展形式的根結。

　　但是如果不將我哲學探討的宗教背景一併帶出的話，則上項說明可能不算完整。雖然關於這個題目我不願深及個人細節，但是總不免要就我家的宗教氣氛先說幾句話。

　　從小就是天主教徒的家父很早就不再信奉天主教了；由於深受泰納 (Taine)、斯賓塞 (Spencer) 及勒囊 (Renan) 等人思想的影響，他的態度是屬於十九世紀末葉的不可知主義者；他雖瞭解並感激天主教對藝術的恩惠，然他認為天主教思想本身是已過時且沾染了荒謬的迷信。他相信一個自由的心胸一定不理會此種幼稚的信仰；我也覺得他心中有一種基本上是屬於法國的縱慾思想，使得他反對將人性屈服於天主教的禁慾主義之下。但他並不是一位享樂主義者，或是傳統的伊比鳩魯派：我相信沒有幾個人會比他過着更嚴肅或更有紀律的生活，或是對於國家更具有充分的責任感。

　　我是由姨母帶大的，從她那兒我學到了對精確之真理的要求，關於這點我在著作中有公正的說明。她是屬於極為不同的一型。姨母是猶太人，但是卻來自一個沒有宗教信仰的家庭，後來她皈依新教，但是從她對牧師的選擇可見她的理智拒斥了教條式的信仰，並且她只能接受最具開放形式的新教。由於浸淫於自維尼 (Vigny) 以迄阿克曼夫人(Mme Ackermann) 等十九世紀詩人的悲觀思想之中，她對於存在的荒謬有尖銳而深深的感受。「自然」(Nature) 如非全然是邪惡的，至少是不分是非的，因之她認為「自然」是完全不可靠的。我們這個世界基本上是無法令人居住的，人類只是因為不可喻解的各種因素的作弄才來到這世界，因此我們只能：忘記自己，竭力去減輕受難同伴的負擔，實行最嚴屬自我紀律，因為除此之外便只有放縱一途了。

　　事實上，家父和姨母的人生觀都含有同樣的不可知主義的成份，但

是他們的表達方式不同；前者是審美的，後者爲倫理的；結果我的周遭是一片令人窒息、不穩又荒漠的氣氛。然而當時我對此完全不自覺，亦不羨慕朋友中接受宗教洗禮的人。雖然我的朋友自小接受宗教浸染的不多；但我也從未費神去發現來自宗教家庭的少數同學，究竟從其宗教教育中得到什麼益處；我只模糊地覺得我們這個時代中的聰明人物是有可能變成新教徒的，因爲新教隱含有個人的判斷，但是要做一位天主教徒就必須有「很多的愚魯和深深的僞善」。我小孩時對於自己沒有受到宗教訓練並沒有感到遺憾。即使姨母和非常仁慈慷慨的外祖母對我細心照顧，但我卻爲一種緊張的情緒所苦，有時實在痛苦異常。因爲我是獨子，所以受到了過度的關心，但反而令人難受。生病和學校功課的好壞都令她們大驚小怪，未免可笑。我覺得受人監視、偵視；我可以猜想得到當我上床睡覺後，在客廳中的談話主題仍然是我那裏不妥當，以及我應該有怎樣的成就。我們的學校制度如果不想造成明確的害處，就應該在家庭方面注入大量的懷疑精神和冷淡，以獲得平衡，但是在我的這個情況下，並沒有這種改善。我的雙親在學校時都是出類拔萃的人物，因此他們太過重視我的成績和在班上的名次。因此，每篇作文變成了劇本。每次我總覺得那是對我整個存有的考驗，因爲我與學業之間似乎並沒有什麼分別。

　　自然，我現在表達這些事情所用的文學並不是我當初所會用的；但是我相信此種不安乃對我過去學校生活仍懷有仇恨的主要原因，它也影響了我對我們教育制度的評斷。今天我仍認爲這種教育制度全然漠視了人類成長的事實和型式。因之我深深相信：雖然我是「非常優秀的學生」，並且在校一直贏得各項獎品，但是我的智力發展實際上在那整段學校生活中已遭到挫折，而我的健康也從未自這些年月的陰影中完全恢復過來。

　　不過這一切並不如初看時那樣與宗教問題有重大的關聯。我所受的教育在我心中激起了一種模糊的反叛感，這並非反叛我的家庭，因爲我深愛它；　而是反叛我將生活於其中荒涼宇宙的一套價值系統。　每當我想起在校時同班那些規規矩矩的好學生，而我又經常被拿來與他們相比時，我便激憤難消。這種衡量尺度，這種繼續不斷的評價氣得我發狂，使我許多次大哭大鬧，逼使我近於精神崩潰而非常悔悟。

　　「荒涼宇宙」一詞的使用可能令人感到驚訝。但是我整個童年，以及可能整個一生都爲母親的死亡所籠罩着。母親的謝世來得太突然，震撼了全家人的生活。從我所聽到的和從她洋溢生氣的信件中所判斷的，母親實在是一位特出的女性，對於生活的適應能力令人驚奇。她是家父令人羨慕的伴侶，全心全意分享他的嗜好和工作。我現在已很難憶起她的面貌，但在我的一生中，她似乎永遠神秘地留在我身邊。

　　我的姨母可能具有同樣的天賦，　然性格卻大相逕庭，　可是實際上她對我的影響卻超過了母親。固然在我的一生中存在着一種奇異的二元性，一方面是一個已消失的存有——不知是因爲不好意思或謹慎，我們甚難談到她，同時出於一種敬畏的心理，我無法就她提出問題——在另一方面則是另一個存有——專權、固執，自信她的職責是要照亮我心中的暗角。現在我相信這種不同，也就是可見事物與不可見事物之間隱隱的對峙，對我一生和思想上的影響，遠超過任何其他可在我著作中見到的影響力。

　　現在當我回顧在進入哲學領域之前的那段艱苦歲月時，我可以清楚看出我那經常存在的「不安」感，還帶有一種無名的莫可奈何和死亡的感覺。我只能這樣子來解釋：當我父母外出赴宴或看戲到深夜才歸時，我所感到的那種恐怖。

　　我八歲時，父親曾有很短一段時間出任駐斯德哥爾摩的全權公使；

令我想像家一般懷念的瑞典，那充滿樹木、河川和岩石的景色，對我而言象徵了我憂傷的內心世界。在那一整年中，我獲准不必上學，而且由於能夠認識外交使團中的其他小孩，並猜測着他們奇異而引人的背景，我感到一陣歡欣。因此我欣喜於旣能留在家裏，又可接觸到一個多采多姿和奇異的世界；由於性喜旅行和異國情調，我被這個世界迷住了。

在我們從瑞典回國後十八個月我再度入學。我所進的這間學校與在瑞典時那種自由、視界無限的個人生活比較起來，實在令人痛苦。我覺得我對這所學校的憎惡一定導致了我對抽象精神的日益厭惡；這所學校可以說是抽象精神的荒謬保護神。我們學生與老師之間，或是學生彼此之間的關係可說是抽象至極，更不用說灌輸到我們腦中的那些觀念了，幾乎沒有一樣東西可以觸到我們的感性，或是滿足我們最迫切的內心需求。就我個人而言，如果我對文學尚能欣賞的話，那就是因爲我父親淵博學養的鼓勵，而不是受惠於學校的教育，因爲幾乎所有在學校讀過的作家，在以後數年之久總是令我厭惡。

所有這一切可能看起來旣無關緊要又輕率。但是眞的，唯有從這些線的交叉點出發，我才能追溯出我初期的著作所標出的發展路線。

我們旣抽象又不人道的學校制度在我心中所激起的憤怒，是與我心中更深而較不自覺的「反叛」不可分離的；這種反叛是針對我將生活於其中的世界而發的，因爲它拘泥於道德的禁忌，且爲沮喪所踐躪。這是一個屈服於道德和死亡之奇異淫威下的世界。但是當我寫下這些東西時，我卻驚異於自己對於那些小心、耐心照顧我童年的人竟是有失公平，他們絕料不到我會在他們手中遭遇到不安和緊張。這再度證明了「思考」、「表達」和「判斷」等本質上都是一種「出賣」。

假日對我而言都是荒地中的綠洲。每年我們都到山區渡假，去的都是新地方。外祖母和姨母因爲待我甚好，終究都被說服順從我的愛好，

甚至是我的狂想。我記得曾在我的堅持下，我們經過了遙遠而艱苦的旅程，最後到達了巴伐利亞的阿爾卑斯山區中的豁亨史萬高（Hohensc-hwangau）；類似的情形太多了……。我童年時最大的快樂便是發現、探險、憑空想像、計劃其他更多和更遠的旅行……。我真不知道花費多少時間夢想種種地名——記得普魯斯特（Proust）曾經描寫一個充滿想像的名字周圍凝結成的那種結晶了的情感；當我讀到這段文字時，欣喜莫名。我對不可企及和不可知之事物的偏愛，卻使我輕視人人可得之事物，今天我對此也感到驚訝。這其中是有許多虛榮和驕傲，但是也有一些其他東西；孩子氣的討厭已失掉新鮮的事物，一種純真和可笑的觀念，認為凡是遠處的東西也就是沒有踐踏過的，尚未弄髒的，這便是靈魂，可與之建立密切關係的；而熟悉和鄰近的便是已被星期日旅遊人潮弄壞和弄污了的。當然這是一種可笑的視覺上謬見，因為豁亨史萬高對於慕尼黑的商店主人而言，就如商伯爾（Chambord）之對於來自巴黎的遠足者一樣。然而，我仍認為在這種偏好中我可以發現一點形上的關懷，希冀在遙遠事物的深處發現親近的東西，也就是說，這種關懷並非是要以「速度」征服「距離」，而是要從其中獲取摧毀其屏障力量的精神奧秘。我自覺從未喜愛「速度」本身；我所重視的，是要在基本上屬於周遭的事物中發現別具洞天的東西。這個世界在當時和現在一樣，對我而言都是一個未確定的地方，我們應該儘量擴大我們可感到「如在家般自在」（at home）的範圍，而縮小我們只能抽象而毫無生氣地模糊想像，或由道聽塗說而熟悉的範圍。我認為我對旅行的愛好與一種心中的需求有密切關係，也就是變成世界上很多地區的一個歸化的公民，而使世界內向於我的一種需要。有很長一段時間我受到了一個信念的影響，認為在我自己的國家內，這種歸化早已完成，但在其他國度則仍有待完成。這大概就是何以我對新奇的事物特別感到興趣，而以一圈魔力般的

榮光籠罩着歐陸上的遙遠地區；說來奇怪，完完全全陌生的國度對我的吸引力反而較小，無疑地，這是因爲我不希望在這些國家生根，也不想在其中找到一個眞正能屬於我的新家。這就是何以我指出我在「從拒絕到呼籲」(Du Refus á l'invocation) 中所大略說明的：「如在家般自在」的形上學乃是我外表幼稚之幻想的基礎。我花了好幾年的時間，才知道我對不可知事物的深切冀望是與一位旅者的喜歡尋幽探勝沒關聯，雖然習慣迫使我去遊覽名勝，但我知道不能以這種方式去與我探訪過的國度建立我所希望的那種關係。以後我所努力建立的各種範疇，尤其是在《是與有》(Etre et Avoir) 一書中者，使得這些區別具有了意義，並表明了這些區別的哲學基礎。我之所以覺得有必要去建立各種範疇，那是因爲我需要瞭解我所得到的直接經驗，並賦之以形式。

　　也許就是這種發現的經驗最能喚醒我對具體事物的需求，此種具體事物的本質以後我曾努力去瞭解。（早年時透過對音樂的瞭解，我也認識了此種經驗的另一面。）現在想到這件事時，我覺得奇怪爲什麼會有很長一段時間，整個假日世界都與我的哲學活動相分離，假日世界就像是一個保留區，在其中我的經驗是繼續擴大了，但是沒有受到思想的控制。這可能注視着人類成長的天使們的巧安排：毫無疑問地，我在生活中確實需要這樣的一片園地，它超出了我注意力專注的範圍之外，因爲此種專注的注意力雖然有解放之利，但也是令人憂心而費力的。這就好像我在旅行或甚至散步的途中，無論何時，當一趟行程轉變成了發現之旅時，非常高興的是我就可以免去領悟、瞭解或發明的需要，因爲這些活動雖能賜予我的生活重要性和趣味，但也帶來了痛苦。

　　我想這些就是我必須記住的主要因素，以便能說明年少時，令我集中心智的事物中究竟含有多少的宗教成份。例如，我毫無疑慮地相信，當我看到某些瑞典或義大利自然景色的時候，出現在我心中的那種情素

在基本就是宗教性的。這並不是說這種情素曾促使我採取泛神論的形上學思想。不知因為什麼緣故，泛神論從未吸引我的注意──這大概是因為我覺得它沒有為個人生活的具體充實留下餘地。

　　也許我已經說明了那一些哲學問題對我而言具有惱人的銳利，以及相反地那些只有學術上的趣味。屬於後一類者是外在世界的實在性，就如在哲學教科書中所陳述的一樣。我從未認為否定這種實在性的任何一型極端的理想主義能令人信服：因為還有那些更確定或更親切的經驗可與這種實在性相比呢？我認為真正的問題所在，乃是找出理想主義所企圖加以否定的存在是屬於那一種，以及究竟是否這種存在並沒有大大超過其外表。至少從這個觀點而言，如果我當初沒有懷疑叔本華知識批判之基礎的初步本體論，以及如果我竟然同意了一種會危害我們自己和我們所愛之人的個性之理論時，我很可能會迷上叔本華了。我認為我一向都厭惡那些迴避困難，或是捏造一些特別名詞以掩飾困難就好像它們味道不對的那些理論。因此很早以來，我便反對理想主義高佔「結構」在感官認知中的地位，以至於將一切表現經驗，及賦之以實在性的具體和不可預知的細節置諸虛無的境地。我覺得我對先驗理想主義的不耐，激起了我對探討感官經驗的形上合意，並且我喜好找出困難而非掩飾困難的傾向，有助於促成我對任何類型哲學體系的不信任：因為沒有一種體系不喜經由演繹推理而宣稱某種困難乃是不重要的，因此便將擱置一旁。我現在比以往更相信哲學家的首要責任便是拒斥這種誘惑：往往這種誘惑似乎便是哲學家這一行所不可缺的。

　　然而，在起初我對理想主義的反動便是形成於一種特別的思想格式中，這種格式本身便是屬於理想主義的，或者總是與理想主義的範疇有很大關聯。這可以大致說明我的《形上日記》（Journal Metaphysique）第一部份何以困難、惱人，甚至令人討厭。我就像一個人為太

窄的一套衣服所苦惱，而要拋棄又不可能。我覺得當初我的各種反動最奇怪的一點，便是它們對於我不曾抱持的信仰顯示了偏愛。嚴格地說，我所做的乃是試圖發掘純粹信仰的先驗條件，而我自己並沒有採取任何特定的立場，至少在原則上也沒有去臆斷此種信仰的形上價值或實在性。然則我並不認為此種分別能被嚴格遵守，並且事實上這種分別已因我的探討之本質而被排除了，因為我認為信仰不能被認為是一種假設（hypothesis），並且我也試圖去證明一種超越科學知識之進步卻無法證實的眞理之存在。在這種情況下，我便無法將我在形上學上的態度保持在純粹宗教的水平面上；我的這種態度便是：假定某種事實已經實驗證實後，我們將如何加以解說呢？為了使我的態度有其應有的地位，是否需要修改或甚至倒轉未經討論即予以承認的某項假定？在形上學上，經驗是決定性的因素；尚待決定的是：心電感應是否為一事實或預感是否為實在的。在表面上，我很可能認為使純粹的宗教信仰接受此種經驗性的試驗，未免令人反感。我覺得信仰在本質上是不可能經由實驗加以證實或駁斥。我以前沒有考慮到的一個問題是：「純粹」（Purity）一詞是什麼意思。也就是我所試圖去捕捉的「宗教本質」（religious essence）是什麼？毫無疑問的，我是一直努力着要將這種「本質」與我所謂的「不純粹物」（impurities）分開後，後者便是各種社會學上分析的目標。但是我還不是同某些人一樣地幻想着要建立一種基於理性而為每一位眞心誠意的人所應該或能夠信仰的宗教嗎？我可以明白地說我從來沒有惑於此種幻想。我至今仍然清晰記得，早在一九一二年時曾經指責我所謂的「宗教的世界語主義」（religious Esperantism）；我必然會有這種看法的，因為我也認清了信仰不能被當做一般思想形式，結果也就不會有「一般性的信仰」（glauben uberhaupt）了；換句話說，信仰是一種有個性和具體之主體的態度，但是不要將這個主體與經

驗性的「我」相混淆，因爲這個「我」歸根結底可以說是諸種客觀上確切之「限定」(determinations) 的總和。這種觀點很難用具體的方式加以解說，但對我而言，這個觀點則可以總括我對這個問題的看法：我可以坦然地說：這種看法是我自己獲致的，因爲那是在我讀到齊克果的著作之前，否則的話，我可以輕易地在他的著作中採取這種看法。

　　在一九一四年戰爭爆發的前三年中，我在常軌之外進行着我的探討工作，最後終於發表了對於存在主義的最初著作。現在很難憶起當時的氣氛；距離太遠了以致難以想像。並非我們沒有想到戰爭，或是我們沒有預感；對於阿加第 (Agadir) 警報，我留下了特別強烈的記憶。但我們極力去相信西方的人們可以抵擋得住那些正迫使他們走向災難的力量。我想我們之中沒有一個人會認爲像外皮一樣包覆我們的「文明」是脆弱不可靠的；多少世紀以來的豐富生活已使這個文明變得堅牢穩固，若對此點感到懷疑，定會被認爲是瘋狂。就我自己而言，每當想起歐洲的黃昏便不由得有絲鄉愁；歐洲生活的物質條件似乎是如此舒適，而國家與國家之間的交通幾乎是毫無阻礙。我們無疑地一定曾猜想這種安樂是個陷阱，也掩藏了最大的危險；但是我現在已記不起我們曾經認爲我們的文明是脆弱不可靠的。就我個人而言，我們所生活於其中的幻覺，使我得以完成我工作中最初步也是最艱難的部份。戰爭所帶來的震撼說明了《形上日記》第二部份中語氣的改變。也許我該稍爲談談我當時所處的環境。我由於身體不太健康，不能從事作戰任務，沙勿略•雷翁 (Xavier Leon) 遂於一九一四年八月間請我接替他，擔任紅十字會的情報中心主任。這個中心的工作，起初是調查爲「法國婦女聯盟」(Union des Femmes de France) 救護車所救治的傷者消息，結果是這些傷者幾乎都能與家中通訊，不久後我們接到許多函件要求代爲找尋杳無音訊的人。由於我們擁有關於傷兵和俘虜的報告，經常能夠與失

蹤者的同伴或長官連絡上；但是在大多數情況下，我們所能報告的都是死訊。每天都有不幸的家屬親人來拜訪我，要求儘量提供有關的消息；所以最後每一張索引卡片對於我而言，就是一項令人心碎的個人呼籲。記者和史家對戰爭的報導都是充滿着足以抹煞記憶的抽象文字，但是我的這項經驗已使我足以免於受到此種抹煞記憶之力量的影響。

我爲軍人家屬擔任查詢工作的後果之一，便是它令我想到了任何探詢工作的有限功能，所以我便想着是否能夠設法超越我們頭腦以問答方式工作的那個範圍。在這裏我必須一提我於一九一六──一七年冬天所做之形上學實驗在我個人發展中所佔的地位，關於此種實驗，我曾於幾個月後向柏格森 (Bergson) 提及。這些實驗的結果使得我無法懷疑形上現象的實在性；我所以必須強調這點，是因爲自從《形上日記》完成以來，我沒有在任何著作中提到這點，也許有人認爲在我皈依天主教時就捨棄了這種信念。這是不對的，我仍像以前一樣，相信哲學家應該考慮到形上事實，並且除非他揚棄某些臆測的偏見；否則他將無法吸收這些事實；此種探詢的益處之一便是可以使哲學家知道這些假定 (Post-ulates) 的存在，這些假定經常都是隱含在其心中的。再也沒有一個領域更適合於繼續柏格森的研究了；他是唯一認識形上資料之重要性的法國哲學家，並且他在《精神力》(L'Énergie Spirituelle) 書中所提出的理論，並沒有爲「道德和宗教的兩個根源」(Les Deux Sources de la Morale et de la Religion) 所打消。同時，我堅認所謂正常與異常之間的分界限可以說是不確定的，藉着深深之沈思所散發出的奇異光亮考量正常的事物，便足以使它變成超正常的 (supra-normal)。就如我在他處所曾說過的，所謂「完全自然」(altogether natural) 的假觀念，不但使我們的宇宙變了色，也使它失去中心，並剝奪掉賦予它意義和生命的那些原則。如果形上學的研究可以協助我們從這條不幸的道

路回頭的話，這就足以值得哲學家去注意了。我絕不否認在這個領域中的探討者，經常會覺得陷入了泥淖，或是面對着空虛的一道牆。由於一些迄今尚無法知道的原因（但是如果人們能夠像對其他問題一樣，繼續不斷地加以分析的話，這些原因定可找出），我們在這裏遇到了人類或超人（supra-human）世界的一面；人類在這一方面的知識發展，並不能如在自然科學方面的一樣飛躍進步。一切證據顯示我們所遭到的障礙是我們人所固有的，我們無法克服這些障礙的，除非我們能經歷一種內在的改變，但是此種改變又非人類自身所能達成的。經驗所確切顯示我們的唯一真正的內心突變，是只能在潛修中發出的，因此如果不藉助於「恩寵」（grace）的奧秘推動，那眞是難以想像的事。從事形上學研究的人，可能自以爲經由自力或透過他所希望去控制的諸種力量的協助，便可以達到一種無法經由實證科學所獲致的力量；至此靈性之人所感到的疑慮果然得到證實了。無疑地，這種希冀不只是一種幻想而已；這種想法是源於對科學技術的一種近乎盲目的信心。然而，沿着這條危險的途徑走，一種陶陶然的肯定感後面，常常是跟着突然而來的完全失望；無疑地，最後還是獲得了平衡，但是我們終會深深而謙虛地發覺我們自己的柔弱和幾乎完全籠罩着我們的一團黑暗。我說「幾乎」，因爲很奇怪地，在不規則的時間間隔中，黑暗會爲閃光所照亮，而這如能有些防備的話，也許可以使哲學家有正當理由請求先知的協助。這並不是說兩者之間會有任何正式的盟約，他們之間僅會有一種默契，隨著情勢而加強或削弱。不可否認地，從理智的觀點而言，這種非常秘密、不穩固、而又時而頗近串謀的關係，實最難令人滿意了。不過這種「滿意」的觀念本身，難道不應嚴格地加以批判嗎？不論其終極意義爲何，我們所投身的這個宇宙是無法滿足我們的「理智」的，讓我們鼓起勇氣承認吧。對此加以否認的話，不但是可恥的，在某些方面而言亦且眞正

有罪；事實上我深信這正是日夜縈繞哲學家們的罪，萊布尼茲的罪和黑格爾的罪。哲學家的最高使命自不在於宣稱一些官方的眞理，以冀在國際會議上爭取選票。細加分析，這類眞理一定僅是些陳腔濫調。像齊克果或尼采等哲學家的不朽榮光，主要地也許就在於此：他們不但利用自己的論證，而且經由試驗和整個一生證明了夠格的哲學家絕不是到處參加會議的人，而且每當他脫離了其「孤獨」(solitude) 的本位時，他就要逸出其正道。哲學家唯有堅守其孤獨地位，才能對於那些期待其刺激或其領導的人有所助益。同樣地，在這裏所謂「滿足」的問題應置之一旁；究竟它只不過是一個學術上的範疇而已。一位候選人對於考官的回答可以「是」或「不是」令人滿意；但是在一場考試中是有明白擬訂的規則，而且一切事先均已準備就緒，而在實在世界中，也就是或應是哲學家的世界中，是沒有這等事的。一切都有待安排；可以說每件事情都是從「零」開始，而一位哲學家除非他接受並選擇這個嚴厲的必要性，否則便不能稱得上哲學家。然而一位性喜開會的人，一定總是會指出前某會議曾決議……。這種永遠的再從頭開始的必要，對於科學家或技術人員而言可能是丟臉的，但卻是一切眞正的哲學工作不可或缺的一部份；也可能反映出每一次新覺醒或新生的開端。「持續之時間」(duration) 和「生命」(life) 之結構不就顯示出：哲學思想如試圖從一結論推進到另一結論而終達到一個「總結」(summa) 時，它就是不忠於實在性。而且此種「總結」，到頭來只需一段一段地加以解說和記憶。我很早時可能卽因讀到柏得利著作的緣故，便深信了「實在性」是無法「加以總結的」(summed up)，這根本不是瞭解「實在性」的方法。從那時開始我便覺得「統合」(integration) 的觀念有被誤用的危險，並且如我們愈依賴經驗中最充裕或最具體的資料時，這種觀念似乎就愈不適用於「實在性」。從這個觀點而言，我想我現在可以這樣說：我從

未認爲「多元論」（pluralism）是防守得住的一種形上學說，但我卻一直相信它至少有反面的價值——拒絕或必要之抗議的價值；自從依力亞（Aelia）學派以迄黑格爾時期的形上學家，均認爲「一」與「許多」之間的對立，具有本體論上的重要性，但我則一直否認有這種重要性。

我之所以否認一個「可理解之整體」（intelligible whole）概念（它同時是辯證法的推動原則和目標）的可能性，主要是因爲我認爲「行動」（action）並非僅是一思想的內容而已。這是否是因爲我特別能接受「行動」是一停頓的觀點，特別是喜愛其所謂的革命性？雖然僅有稍爲差異，但是我可以說一直都注意到它的新穎性，或甚至統制着它透視法之奇異。這就是爲什麼我會受到單子論（monadism）的吸引；並且如果我覺得單子（monads）不可傳達性的理論是對經驗及常識的一種挑戰的話，我甚至還會永遠採取這種學說。而我覺得一種事先建立的「和諧」觀念只是一種旣富智巧又工矯飾的發明。我心中覺得所謂行動（to act）大體上是等於「採取一種立場」(to take up a position)，並且「實在性」唯有透過虛構才能合併「行動」。現在回顧起來，我發現當時我正試圖建立一種具體而戲劇性的關係，以取代抽象的「固有或外來的關係」（relationships of inherence or of exteriority）；傳統的哲學家就要我在後類關係中有所抉擇。

雖然看來奇怪，但我不認爲我曾以「自由哲學」（Philosophy of liberty）來表達我對維持「行動」（action）之首要地位的關心。傳統的「自由」問題從未令我感到大大煩惱過：我一直認爲人類必須有他所需要的自由，因之並沒有什麼眞正的問題才是。所以這從未成爲我哲學思考上的中心。雖然傳統上「存有哲學」（Philosophies of Being）與「自由哲學」（Philosophies of liberty）有分別，但我天生便傾向於前者。這並不是我有這種知覺；事實上，只要我仍然追隨着批判派

(criticists) 或是柏格森的腳步時. 我便會將「存有哲學」看做是「事物哲學」(Philosophies of das Ding)，並因此對它心存疑慮。我就是努力著試圖建立一種觀念，否定「存在」與「事物」的相等，同時並支持「本體」而不回到我所深深置疑的「實體範疇」(Category of Substance)。我就是根據這個想法而思考到「信仰」(faith) 以及 「忠信」(fidelity)等問題; 我尤其認為在「是與有」中的一句話，「『存有』是『忠信』之所在」， 可以作為瞭解我以往之探討工作的線索， 同時並導致了一個新階段。在《旅途之人》(*Homo Viator*)，尤其是《希望之現象論》(*Phénoménologie de l' Esperance*) 兩書中也有同樣的句子。也許我可以如下來說明我持續不斷的和中心的形上主題; 我的目的是要發現一個真正的主體 (Subject) 與「實在性」之間的關係為何; 但在這裏這個「 主體 」不能被視為「客觀性的」，然卻一直是必要的並被認為是「實在的」。 要逐行此種探討工作， 便須超越過普通的心理學範圍，因為這種心理學僅只限於界說各種態度，而沒有考慮到這些態度與其他事物的關聯，以及它們的具體意向。這可以說明在我最早著作中形上學與宗教的交滙。也許我還須再度指出我早在《形上日記》第一部分時是怎樣辯護這種交滙的。這種看法最終將否定我們的頭腦可以客觀地闡釋「實在性」的結構，而後自以為夠格為之立法。相反地，我認為這項工作應在「實在性」本身之中進行才是; 哲學家與「實在性」的關係永遠不會是像旁觀者與一幅畫之間的關係。因此我的探討工作帶來了「奧秘」(mystery) 的觀念，就如以後我在<論本體奧秘>(*On the Ontological Mystery*) 一文中所說的。 這使我相信我的思想發展主要是一種「突顯化」(explicitation)的過程。我覺得這一切的發生，就好像我終於逐漸地完成了將立即的經驗當做思想的材料，這種經驗與其說是清楚認識的不如說是假定的，就像盲人在一個混亂的洞穴中摸索者;

到了後來探勘者方能看清楚並跟着這第一個發現期的路線前進。但是，我相信只有當我的經驗仍然包含有未經開發和混亂的區域時，我才能做一位有創造力的哲學家。而這終於說明了我以前所說過的「經驗就像是一片樂土」的話：經驗必須超越自己，因爲它不得不轉變自己並征服自己。總之，經驗主義的錯誤，在於忽略了任何眞正經驗中的「發明」及「創造性主動」（creative initiative）兩者所佔的地位。我們也可以說它的錯誤是在於將「經驗」視爲當然之事，並忽視其奧秘性；而令人驚喜和似奇蹟般的，乃是竟然會有「經驗」這種東西。形上學知識的加深根本上不就在於「經驗」的反躬自省，並瞭解自身而非促進「技術」的發展嗎？（張平男譯）

二、我研究哲學的途徑

當哈佛大學邀請我做威廉詹姆斯講座（William James Lecture）一九六一年的主講人時，我直截地感到我不可能推辭此一盛情。首先因為這是使我在美國為人所知，並接觸該國睿哲之士的唯一機會，同時也讓我得以有機會稍補對本世紀初美國哲人積欠已久的債務。我在此所指的哲人乃詹姆斯・羅依斯（Josiah Royce）及何金（William Ernest Hocking）。何金曾使該校享譽甚久，並且他在第一次世界大戰不久前所出版的《神在人類經驗中的意義》（*The Meaning of God in Human Experience*）一書對我影響至深，因此我把我的《形上日記》（出版於一九二七年）獻給他及柏格森（Henri Bergson）。在最近的三、四十年期間，我與何金有多次的書信來往，但只有一次與他會面的幸運機會，那是一九五九年在他瑪地森（Madison）的寓所。他的寓所座落於鄉間，是我所見到最美麗的寓所之一，像他這樣一位藉着可見的世界，永不停止地追求永恆者的顯示的人，這寓所的確也最適於使他的瞑思內容更為豐渥。這次會面對我有如一個深深的祝福，是值得紀念的一件事。

在敍說積欠美國哲學的債務以前，論及美國哲學非常新穎及強而有力這一面，我首先願提起的是：在第一次世界大戰前幾年間，我正是後康德派德國哲學的囚犯，而該派哲學是以極抽象的形式為其本色。那時

來自美國的那種思想使我沉悶的思索像吸了一口新鮮的空氣，帶給我一種活力。的確那時我並非很有耐性的囚犯，甚至於傾向反抗，但當時我所擁有的哲學素養不足以使我能夠轉入現實 (Reality)，對現實我只是有一種傾向或心智上的某種焦慮而已。

　　無可諱言的，那時柏格森已對我有着強烈的影響，我曾在法國公學 (Collège de France) 聽過他的課，當時我雖興緻盎然，然而我相信，我並未從他那兒學到存在哲學的起源，以後藉着與這個大陸哲學家的接觸，我才發現了它。

　　剛才我曾提及一口新鮮的空氣，而且，我實在必須在這講座開始時，強調「新鮮」這一觀念，因為新鮮與陳舊兩種思想的衝突，迫使我整個哲學思考向前發展。我之所以如此推崇威廉·詹姆斯，就是由於他顯然地感覺到：需要不遺餘力地避免思想陷於陳腐的危險。同樣，這點也是我所迫切需要的。思想之陷於陳腐就如奶油之發餿，水果之過熟；然而這種危險情況，卻是所有的思想都容易陷入的。

　　當然，以後在引述具體例子，尤其是牽涉到價值時，我將有機會回溯到此點，並細察這種過程的性質。但在開始時指出我的主要課題，似乎是一件合宜的事。

　　「召喚」這件事是我在生活中經常體驗到的，現在再度出現了，乍看之下，我們容易說召喚是來自外在的。但實際上，一種強烈的鼓舞已在我心中鼓動我去完成某種工作。只是這工作若缺乏這種外在的催促，恐怕我的能力及心力就無法勝任。但是依我看來，在此敍述中說它是外界的觀念似乎是一種錯誤。我深信在創作者心中有特定的起因及思想內容，只是在外在的接觸與溝通之下，它才能在創作者生命中扮演決定性的角色。否則一切所謂創作價值的問題都是難以理解的，我的意思是說在論創作而提及「偶然」時，應該持一種謹慎的態度，因為，事實上創

作決非可以出於偶然。在一九四九年及一九五○年我應邀赴亞柏爾定（Aberdeen）主講吉佛爾德（Gifford Lecture）講座。這個召喚促使我完成了裝訂成二册的著作《存有的奧秘》(Le Mystère de l'être)一書，我相信這些不是偶然的，在不到十年後，哈佛大學給我同樣的邀請，這時我意識到我今天面臨的任務，並且衡量着自己的體力而想全力以赴，然而不幸的，我的體力正日趨衰竭。總而言之，以上所述的眞意是說一位哲學家，他們的命運都暗指：在「他的心裏個別性」及「他的環境」之間，存着一種相互作用的形態，其效果是奧妙且難以預卜，而且只有在觀念界才能使此二者隔離。

在決定接受哈佛的邀請後，我即清楚的看出這些講題應該是關於現今令人困惑的世界中人類的問題。起初我恐怕這理想太高的工作，超過我的能力範圍，因此除在內容上擴充不少外，我並有意將它圍限於我於一九六○年六月間在瑞典的聖加崙（Saint Gallen）的講演——「自柏格森及尼采（Nietzsche）起，在近代哲學中，人的問題。」同時我又想到，可以發揮幾個必須闡明的哲學家的思想，然後再加上我個人的思想做結論，以明確地指出我的立場如何與謝勒（Scheler）、布柏（Buber）、雅士培（Jaspers）、或海德格（Heidegger）的不同或相近之處。如此我能很方便地找到推卸責任的避難所。

然而在深思熟慮之後，我覺得如此不僅是一種怯懦的表現，而且也一定令聽衆失望。當然我很榮幸地被邀請，但是人們一定不願意聽我在細節上分析甚或評論這個或那個哲學家的思想體系。關於這些有關許多人曾經或有能力講解的比我更好。於是我決定發表我自己的思想，深刻地委身於我所稱的「冒險」中。「冒險」一詞乍聽之下，似乎頗令人驚奇，然而它卻正合乎事實。爲了怕那些熟悉我工作的人們引起懷疑；也爲了爾後將清晰地顯示出來的動機，我不可能分期發表一些類似教材式

的論文。我不能這樣做來背叛我的特定旨趣！這旨趣曾再三明顯地呈顯
於我的寫作中，這就是：我不能也不願意像其他許多人那樣，去建構一
種體系，而這種體系或許很快就會被宣判業已死亡。早在一九一四年歐
戰以前，我已爲一種「研究」（research）的觀念所吸引，在戰爭期間
繼而戰爭之後更是如此，這種研究的觀念即是說不論經過多少的探索，
而且也意識到其本身的意義，但仍需存疑繼續研究，決不可以將研究的
成果轉化爲命題。認爲一命題是可能成立並永遠爲眞，這只有在觀念界
把研究視爲一種心智程序，如此這種命題才能成立。所以說，我長久地
用日記的方式發表我的思想，決不是沒有原因的，然而我要附加說明，
日記只是思想表達方式的一種。當然傳統的哲學家們決不願意承認我的
戲劇作品沒有與我的生活脫離，並且息息相關地補足我的哲學著作；不
論是用日記或演講的方式發表的哲學著作，我均稱之爲專門性著作。事
實上我的戲劇作品是我「研究」的重要要素，自從我認知了自己，就一
直以戲劇爲我的特殊天職。我將會多次地回述此點，因爲我的戲劇在美
國鮮爲人所瞭解。我的戲劇冥思似乎可以比喻爲一條地下水流，它所泛
溢的流水滋潤了田地，但少爲人所覺察。

　　首先，在此我願儘可能清晰的限定「哲學研究」（Philosophical re-
search）一詞對我的意義。我相信像這樣，集中我們的注意力於不同語
言的「研究」同義語中，我們將不難瞭解它的境域。因爲德文Versuch
一字強調企望或嚐試的因素，在此對這因素已有所暗指，而英文的 In-
quiry 一詞則針對調查或詢查而言，所以我們可以很快發現 To Search
這一動詞在不同的景況下是可以很合宜地被使用。

　　原始的使用 To Search 一詞是在牽涉到必須找回某一失物時。我
認爲英文的尋找（to look for）一詞很能表達這種情況──滿懷着失
物可能呈現在我注意力前的希望，到處查看，當我確定它的位置時，我

會大叫:「它在這裏！」不過這種尋找，自開始就將遵循固定的方法進行。反省使我知道，被尋找的失物遺失了多久，從那一刻起不見了，在什麼地方遺失的，這些都是我的調查焦點所在、除非不能如此做，我才失望，並開始幾近盲目的尋找。在上述原始的情況中，我們不對被尋找的性質產生疑問，而只是疑問被尋找物的遺失情況，諸如這失物是否被偷了？是誰偷的？又爲什麼原因而被偷了等等的問題。

我們很容易從這例子走入更複雜的刑事案件的調查，這調查仍是去發覺 (to find out) 而不是發明 (to invent) 某事物的問題。刑案調查的問題乃在於確定有一個竊犯或兇犯，因爲我們確知有這麼一個人存在，但是在這案件中，很顯然地是不可以盲目地執行這種調查工作，於是我們將見到那些負責調查的人，從事一種心智的活動。大致說來，這就不是與創造努力全然無關的了；當謝爾洛克•霍姆（Scherlock Holmes）或赫爾居•布阿洛（Hercule Poirot）面臨這種問題時，必須先將一切資料與文件收集齊全，設出一個假定，暫時做爲行動的指標，然後使用這個假設做爲追問特定問題的起點。該問題我們現在籠統的以現實稱之。我們用這種方法進行工作，卽是迫使現實絕不模稜兩可，使得調查者與現實之間產生一種確實的交談。另外，我們還得嘗試着去發覺隱藏在含混泛指的現實一詞之下的意義。以上所述的可拍合在特定的人或事身上，當然這些人或事是由相互間某種關係而一步一步地假定出來。爲了限定調查的內容，去界限人或事的這一工作是不可或缺的，這種界定就有如在地上劃定界限，規定範圍；同時在愼思明辨之下，對於任何可能呈現的不可知因素，要加以證實，看是否合理地將此因素排除於此範圍之外，也是必須要做的。當這些不可知因素不能合理地排除於此範圍之外時，這調查將在不可限定的境域內進行。

然而我們應該明瞭，無論調查所面臨的問題多麼複雜，仍然圍範於

我們的視野之內，如此當我們有某物遺失的情況時，我們常用這種方法進行尋找，以求最後在准許我們聲稱「它在這裏！」的情形下，失物呈現於我們眼前。

但是，當談及某種特別技術的研究時，這時的研究就與前面所說的研究有所不同了。這可先從探勘看起。例如我們意圖去發現某些金屬或特別的能量來源時，除了我們已知這些東西的所在地，否則這種研究就變的相當不同了。再說探勘這個例子也並不能完全表達出技術研究的意義。依我的意見，所謂的技術研究是指某種程序（process）的發現，而這種程序可使我們達到預期的目的；也就是說達到實業範圍內的目的。

因此，技術研究也與先前所述的研究之間有某些地方還是相同的；當然不再是發現或尋出某物或某事：他們的共同點是要達到一個目的（meeting a need）。也就是說在二種情形之下，都是被研究者心意中的觀念所控制。

另外，當我們在一個完全無所知的地方，進行探險時，上述的觀念很可能會失去它清晰的輪廓。同時我們也應該注意到在探險時，幾乎沒有任何已形成的觀念。它伴隨着一種自由的愉快感覺，沒有那些對尋得某些事物有所期望卻又掛心實際的發現會不如預期所希望的緊張及痛苦。當尋找集中於一種特定對象時；例如在探勘時，任何不是該對象的，都視成風馬牛不相及之物，而予以遺棄。對於探險者正相反，任何呈現於眼前的事物，都受歡迎、都被接受，有如接受一種不勞而獲又能使自己更為豐富的禮物，在這裏我意指我們所瞭解的探險在這方面的經驗，這種經驗可能是我們每個人都有過的，也就是出神的散步者所常有的經驗；他為眼見的事物所吸引而出神，在這種情形，「出神」（ecstatic）這個形容詞很符合於該字在語源學上的意義。

在這種關係中，我相信堅持在出發時的那種原始的探險態度——毫不存有追求功利的觀念是很重要的。這裏所謂的追求功利是指對一種特定目標或事物的追求。

但是在此我必須略加述說：這種預備去接受任何將呈現的事物的態度，我們常可在小孩身上發現，一切他們所面臨的事物或字眼對他們都是新鮮的，這就是說他們對知識的渴望尚未被磨滅。然而當他們入學以後，對知識勢必有久而生厭之感，這是由於他們在追求知識之前，沒有教導他們是爲了自己或者爲了求知的慾望而去追求知識，因此他們以知識爲一種負擔；此外我們應該特別注意以上所述正是假知識所以形成的原因，相反地，真知識則是內在不斷成長的結果。

所以依我看來，探險者的立場，在任何範圍都有些類似未入學的兒童；在任何情況下都去求發現，而這些努力得來的報酬也常能增加他的價值。現在我們進入了一種最非功利性的、最自由的，同時也是最有助於人類精神發展的活動，更有進者，我們似乎可以說這種活動總是會激起另一形式的活動，這形式的活動是爲了特殊目的而發掘它所渴望的結果。這就是所謂的研究。

依我自己的經驗，我毫不遲疑的聲明，哲學初學者激動的熱情在本質上多少有些相似那些我們在探險或孩童身上所稱許的那種激動的、迫不及待的、普遍的好奇。哲學初學者至少在開始時會感覺到他是在揭發一個處女地，而且他會明瞭，他必須在這樣的一個與原先不同的世界中努力，又假如他有個明智的老師，不以一些專門術語壓得他喘不過氣，那他就會經常有種甜醉的感覺，因爲在起初時，他將滿懷興趣自由自在地在一個無所知的國度內，隨意發掘所有的事情，並且沒有什麼可見的障礙阻擋他的進展。然而我們在此需要附加一句，除非在一種得天獨厚的情況下，他有特殊的天賦，否則通常在不久之後，他就感到失望。例

如，當他老師使他以自己的方式回答某些問題時（當然這在老師有此能力的假設下），他總是發現幾乎所有的問題均已被談及過，而且那些享有盛名的哲學家的答案又往往是彼此相反的。結果使他覺得他如眞想去解答那些爭議紛紜的問題，未免是太膽大妄爲了。而且那相反的答案，也彼此沖淡了對方的立場。使得這哲學美景（philosophical landscape）被毫無希望的陰影所籠罩，說的更正確些，美景（Landscape）一詞已不適用了。那位學生則有置身於一個佈滿物件的工廠之感覺，而他對這些物件用途的瞭解，並不比一位步入工業中心的工廠或倉庫的門外漢對所見的一切瞭解的更多。於是那位學生先前的興趣消失了，一切的一切對他只是考試的資料，變得以做些特稱的哲學工作而自滿自足。所謂特稱的哲學工作即是一成不變的背誦，以求在考試那天回答面孔陰森的教授們的問題。

但是，證明一個人具有眞正哲學天賦的首要事情，就是看他是否具有一種奇妙的力量，卽使在以上所述的情況下也能堅持下去。而且一位稱職的教授應該對於他所發現到具有這種特殊天賦的學生，儘其所能的予以扶持，使之能繼續堅持。在此我們要附加說明，具有這種哲學的召喚，並不就只指應該獻身於敎授哲學或硏究某些專門的哲學問題；相反的，常有一些人，爲了某些理由選擇了哲學生涯，但毫無這種召喚的跡象。

但是上述的這些，導致我比以往更確切地去限定何者是這個召喚的要素。

在此我認爲我們應該敍述一個基本的驚奇的經驗，或者更切實地說即是希臘哲人的 Thaumazein 經驗。Thaumazein 一字的意義正介於驚奇（Wonderment）與驚嘆（Admiration）之間。我所意指的，並非一種特殊現象所引起的驚奇，例如日月蝕或流星的天文現象等所引

起人們的驚奇。對這些驚奇事情，科學家是可以解釋的，或至少能給予某種程度的確定，在這種情況下，只要現象得到滿意的解釋，驚奇隨卽消逝。但是毫無疑問的，這種解釋總是帶有一種自然（nature）的意味，我們可以說它需在一種範圍內才能有所解釋，而這個範圍本身就不是解釋所能把握，至少它並不是這種解釋所能說明的。它總含有一般性的，必然引起爭論的假設。因此必然還有很多原始的驚奇繼續存在着。既然我提及天文現象的例子，很自然地回憶起巴斯噶（Blaise Pascal）的沉思錄（Pensees）：「我看到了四週無涯的宇宙，我發現在這浩瀚的空間中，我偏限於一隅卻不知自己為何生存於此地此時；而不在他地他時。我的前後左右只是一片無限。我好像一枚原子受著時空包圍，我又好像一縷陰影卽將消失於一瞬，永不復回。」假設一個假設能夠解釋天體的運動，但顯然地它不能結束上述沉思錄所提出的基本驚奇，或解答以下的問題：我何以在時間的永恆中生存於此片刻，而不在另一時刻？在我完全無知的無限空間中，我生存於此地，而不在他地？是誰把我放置於此？誰的命令要我生存於此時此地？

　　我要表達一個我堅持了五十年之久毫不動搖的信念，就是哲學家之所以為哲學家，乃在於他對基本的情況有產生驚奇的能力，雖然他內外的每件事都傾向於解除這種驚奇。我首先想起一種以「不可知」為推託之辭的怯懦，它常會有如濕漳之氣，有害於原來活潑進取的精神。彈精竭智地努力企圖解釋從未有人能夠解釋的問題，到底會有什麼用處呢？不是已經有許多出類拔萃的人們已經不斷的努力並證明這種研究只是徒然而無意義的嗎？我們理智不是已告訴我們無法達到一種足以迫使一切人都承認的普遍結論嗎？然而任何名實相符的哲學家都拒絕為這種違反內心急切需要的怯懦所俘虜，因為這種內心的急切需要正說明了哲學家的獨特人格。我將儘可能清晰地，以我自己為實例說明這種需要如何逐

漸地肯定它自己的輪廓。

　　大致說來，毫無疑問地，我們可以說這是個要求理解的問題；只要我們直接地觀察希臘及現代的哲人，就能感覺到他們有種需要，需要逐步的認清「瞭解本身的行動」的本質；不只去發現它包含了什麼，而且要去發現這種瞭解，如何去適合，又在何種限度內去適合我們所稱的事實。更進一步的說哲學心智主要的特色是在於不斷地縮小「引以爲當然的範圍」。於是我先前所提的驚奇就成了一種挑戰。

　　我相信應該特加說明：若這種提出問題的活動，被運用於一種盲目執拗態度之下，將使活動窒息，並貶低成爲一種機械化的程序，結果只好喪失活動自身的尊嚴。

　　在此，我認爲有一問題是應該注意的，即哲學研究與生活之間的關係。我們將明白生活在工作中佔有中心的地位，而且是我最直接關心的。

　　在此我要再度引述我自己的經驗，來說明一件事實，即：我以前所提及的那些感覺到有哲學天賦的靑年人，能夠在未有生活體驗以前就完美地着手建構一種形上冥想。我依稀能夠聽到我可敬的老師——社會學家路先・勒味普路 (Lucien Lévy-Bruhl) 在我十九或二十歲時，告訴過我的：「在數學及形上學這二方面，人可能很年靑時就有創造性的成就」，他說這話可能是爲鼓勵我，但這話確實不假。在數學方面可證諸於以前幾位早熟的天才，如巴斯噶、厄瓦里斯特・加路亞 (Evariste Calois) 及亞伯爾 (Abel)，他們在數學方面都有決定性的發現；在形上學方面我則想到德國形上專家謝林 (Schelling) 及黑格爾 (Hegel) 的早期作品。然而我必須承認，現在如此高齡的我，對於那些尚未有「眞正」生活體驗的作者們所魯莽陳述的哲學思考，總要加以謹愼考慮。我說「眞正」一詞，是因爲有種經驗是藉他人書本表達出來的，而

這種外借的經驗無論如何只是一種代替品，對於眞實的經驗說來是不完美的，多少有點不可靠的。

此外，我想必須完全放棄笛卡兒所清晰陳述的「白板」（Tabula rasa）的概念。這概念是經過理性思考絞盡腦汁努力得到的，而且以這概念爲起點來綜合地再建哲學家哈姆蘭（Hamelin）在我們時代所稱的「觀念的主要因素」（The main elements of representation）。假設上述的這種企圖是完成了，而且也能夠完成，大概我們沒有理由嘗試再去建構它。我並不是說哲學家沒有興趣運用例如斯比諾沙所用的數學方法，當然我在此所意指的數學是古典數學；因爲現今的數學已發展到極端嚴格的分析，這種分析對過去的幾何學家是一種純粹明顯的，純粹基本的。事實上，在下一章中我想在一種思想系統內再肯定我所依據的內在理則，對我來說這種內在理則是經驗，而思想系統似乎輕蔑這種經驗。地質學家的要旨在指出連續的地層或沖積物的來龍去脈；既然我的心田必須給予我的哲學評論以養生之物，那麼我也該指出我心田演變至今的結果。我的這些哲學評論的焦點將是人的問題，這問題也已經說過是最基本的、不可能廻避的問題。然而有如我們將要明白的，前面的陳述需要改正，因爲很清楚地，我們現在所目睹大部分的系統化努力都在致力於排除這個問題。但是這種努力實行起來，不可能不危害我們一直認爲是最主要的價值。確實這將不是我任務中最容易的一部分，我或許將要顯示出我過去的研究絕不是一種消沉的堆積物，或沒價值的腐朽思流；而是在使之變成一種水平線，在此水平線以外，過去及將來會合而成爲一種新的層面，在這裏，現在的生命已不再僅僅被視爲一種前後的連續，或有如樹葉之飄落；前後沒有互相影響的關係。

在這一章的結束，我想引用先後在我的《形上日記》及《旅途之人》（Homo Viator）上出現過的原文，這段原文正確地、綜合地表明

了一種活動方向。這個動向，自從我開始哲學思考時就一直支持着我，同時我也堅持在它的指引下，不走向精密的系統而朝向一種清晰的陳述，我覺得這些陳述越來越屬於我自己，如果你耳朵敏銳的話，你會發覺我作這些陳述時是在顫抖：我害怕將每件事讓步於一種武斷的顫抖，這種武斷是哲學家太容易犯的毛病；我因自己在兩個深淵中的窄徑行走而顫抖，這窄徑導向一個不屬於這個世界的終點，沒有它，這個世界將成為一個無意義的深淵。

> 「*形上的不安：形上系統應該是一種行動，這種行動表達出無法驅除而祗能輕化的不安，它部份地，神妙地將自己轉化為一種自我的實現，使上述不安致使卓越的精神生活麻痺，反能堅強它，保持它。非如此，形上系統是毫無意義的。*」（《形上日記》）

在此我將停止原文的引用，而問我自己「卓越的精神生活」所表示的正確意義是什麼。因為我必須承認，到現在，它的意義對我仍是太籠統了，而且目前我也不能對它運用自如。然而我相信，它涉及到比我們通常所瞭解意義更廣泛的「自我控制」，這種自我控制承認過去哲學的重要性，但並不意指我們必須讚許它們成為系統。柏拉圖、笛卡兒、康德或黑格爾的作品，沒有或幾乎沒有不值得我們重視的，因為這些偉大的心智一直將自己建立於一種平面上，這平面不斷地超越一些從未深刻表白自己的人們所建立的專斷而可變的意見。而且我相信偉大的創作作品也能在哲學外圍找到，很好的文學及劇作家在思想創作方面也提供了同樣的特質及份量，而我們對於現今那些不能欣賞這種價值的人們，只能予以同情。以後我們將指出反對這種能力的不良影響。

現在我們再回到我先前所引用的原文。

「我們對這種不安所瞭解的是什麼？首先，它不是一種好奇。好奇是從一個固定靜止的中心開始，更清楚地去把握一個只有混沌輪廓認識

的對象，在這方面，所有的好奇都是向外的；相反地，憂慮是自我心中的不安，它尋求自我的平衡，在任何情況下，都是眞確的，如果我掛慮著我所親近的人的健康，那麼我對他健康的掛慮，必定破壞我內心的安定。我所關心的對象越是我所親近的部份，也就越親密地參與我的內在組織，我的好奇也就愈將傾向於憂慮。另一方面，既然除非我自己完全毀滅，否則憂慮的對象，不會離開我，因此我感到的憂慮完全是一種更形上的。毫無疑問的，除了『我是什麼？』這問題外，沒有其他形上的問題，因爲一切的問題都歸於此，就是分析到最後，其他「有意識物」（人）的存在問題也回歸到此問題。確實，有一個我不能使之平靜的神秘聲音告訴我，如果其他人沒有意識，則我亦沒有。當我認爲他人缺乏這種存在時，我不能賦與自己這種存在；在此的「我不能」並不意指「我沒有理由」，而是說『對我是不可能的。』因爲假使其他人把握不住我的意識，那末我也把握不住自己的意識。」

我不能說：「我感覺到的這種形上的不安是一種直接反應的形式，有如我們在等候姍姍來遲的愛人時所經驗到的，更好說，形上的不安是一種可能甚至是必然發生的境遇，在此境遇中我將意識到一種憂慮，而且這種憂慮似乎不斷地擴張，超越這種境遇本身。此乃因爲它有永久的性質，使它不限於這一段或那一段時間，而且這種憂慮一經陳述，就會擴延到我認爲與我參享同樣經驗的人們。這是我們的憂慮，也就是說這根本不是理性主義所虛構出的普遍的所有一切人的問題，而是我的兄弟及我自己的問題。」《旅途之人》。

顯然地，最後的這段話給世界及今後的研究提供了一個重心，有如給音樂提出一個主音。這使我們明白，在何種情況下能涉及當今人的問題。需要的話，我們也將有所保留地論及一種存在的人類學以反對只討論人的本質及人類特質的人類學。同時，與這段話相近的一個片段可能

使讀者瞭解爲何我似乎必須在以後幾章，盡可能正確地回溯我近四十年來一直遵循的曲折道路的各階段。在思想進行中，我也將不斷地引述我的戲劇作品，這些作品一向是我思路的指標。（楊世雄譯）

三、什麼是存在？

　　我所寫的一些著作，包括《形上日記》(*Metaphysical Journal*)
的第一部分，都完成於第一次世界大戰以前。在《形上日記》中，我試
圖朝向一個當時還說不清楚的目標逐漸深入。那深入就是我曾解釋過的
「探究工作」，變化不定而困難重重。 如今看來， 這項研究使我自己都
感到驚訝，因為當時我對人或與人有關之物並未留意，反倒專注於如何
去把握——至少去接近——某種形上的實有 (reality)。 我在一九一二
年出版的一篇論文＜直觀哲學之辯證條件＞(The Dialectical Condi-
tions of the Philosophy of Intuition) ❶中，曾試着說明: 直觀本
身無法自認真確，只能在某些條件下，藉反省來證實其價值。這種看法
正與柏格森的見解相反。

　　然而，最使我震驚的倒是: 過去的一切探討都由於存在的安全才得
以發展。在此，我並非意謂自己屬於富裕階層，勿須為日常生活擔憂。
而是說: 儘管我曾遭遇前面說過的種種打擊，可是我的天地——時代所
給予藝術家、作家與哲學家的天地——似乎仍未受到過分嚴重的威脅。

　　這麼看來， 一九一四年八月二日這一天， 真是個扭轉乾坤的大日
子。

---

❶ *La Revue de Metaphysique et de Morale*, Paris, 1972.

我無意追溯自己在大戰期間的思潮與情緒。只是必須說明：一者，我從未懷疑這場爭鬪中法國或協約國所持的正義立場，雖然後來才知道至少在俄國方面，一切並不如我的幼稚想像那般單純。然而再者，我也始終深深關切着這齣大悲劇，同時和我所有的親人一樣，嚴苛地批評羅曼・羅蘭 (Romain Rolland) 的態度，以及他逃避這場浩劫的託辭。在這樣的背景中，我第一次面臨了參預 (commitment) 的問題，此問題成爲我往後反省的一個焦點。當時，我因健康欠佳未能受召入伍，但又不能袖手旁觀，於是參加了紅十字會，在整個戰爭期間爲它獻出不少時光。紅十字會的工作不但沒有妨礙我原有的哲學探究，反而因此促使我多作反省而獲致了極爲重要的成果，我的主要工作是爲下落不明的士兵的家屬提供消息，而所謂下落不明乃是指非死非傷亦非受俘的士兵。我總是儘可能親自接見那些前來探詢的人，非但沒把他們看成只是檔案裏的一件個案，而且儘量讓他們感受到同情與關懷。這項工作使我有機會得與各行各業的人士接觸，也使我不斷努力設身處地體驗他們所承受的焦慮，以及這份焦慮在各人心中的微妙轉變。由於悲痛的情景太深切了，所以每一次徵詢、每一回調查都顯得突出而特別。

詢問、調查、回答——就是我們當時的工作，此外我也設法以哲學家的身份去開導他們。

當我參閱形上日記時，卻驚異地察知：我對這種徵詢的反省要到一九一八年七月二十三日才能明確表達如下：「何謂詢問？就是使一種猶疑狀態明朗化所做的努力。」我認爲：「每個問題都涵蘊一組選言判斷 (disjunctive judgment)，在兩種可能性中只許肯定其中之一爲眞實或有效；而詢問就是當事人自己沒有辦法確知何者爲是。」例如，我臥病在床，無法知道外面的情形，於是詢問：「正在下雨嗎？」此處的選言判斷即爲：現在或下雨或沒下雨，但是我的狀況卻不允許自己去做決

定。所以只好請教身處不同環境又能告訴我的人。

　　也許我該說明：許多個案中的選言判斷不但根本無法歸列為如此簡單形式，反而具有千變萬化的可能性——就像我問某人：「尊姓大名？」或「府上那裏？」之類的問題。不過，當時我急於知道的是：答案在何種條件下始為有效；首先，必須答其所問，就是弄清楚對方的問題是什麼；其次，必須供給對方渴望的消息，這消息要有真憑實據，不可任意捏造。另一方面看來，若想了解一個問題，就該以那個問題貼在自己身上，並且設身處地於詢問者的心意。至於答問之間，則當經過意識仔細推敲了。　今天，由於操縱學（cybernetics）的進步以及豐富的共同經驗，上述的度量方式確實應該作更精確的修訂。舉例來說，如果我們想到科學家有關星際太空的問題與人造衛星所指示的資料，立刻就可以看出前面的例子確須大加修改，另外也絕對不會有人敢說，是儀器在答覆問題，正如醫生若想知道病人的體溫，並非溫度計在答覆醫生的問題一般。在每件個案中，選用的媒介祇不過供人閱讀而已。而且只有透過這個閱讀才能得到答案，甚至可以放心大膽地說：唯有詢問者才配提出答案，不過，問答之間當然要經過一番極為複雜的過程。

　　讀者一定會問：這些初步的反省與居於本項研究的中心之人的問題，兩者之間究竟有何關係？

　　事實上，當時我曾想到兩個相關的問題，其一是：在吾人追尋真理時，所謂的「實有」（reality）或「自然」（nature）如何能夠回答人的問題呢？換言之，就是在人與自然之間，如何能夠產生類似兩個彼此對話的人所能有的交往呢？其二則是我目前想討論的問題：這種人與人的交談本身如何可能呢？從這點出發，我注意到哲學家們一向大意忽略的「第二位」（the second person）。不過當代卻有許多個別研究而互無聯繫的學者，順著這種思想路線集注於一個焦點。首先我想到艾伯納

(Austrian Ferdinand Ebner)，他的大作《言與愛》（*Wort und Liebe*）❷ 正好在第一次世界大戰以前出版，我到一九三五年左右才拜讀；還有布柏（Martin Buber）的《我與你》（*I and Thou*）❸，是我發抒自己對該論點的看法很久之後才注意到的。另外亦可看出：對於第二位的特性之主張，與現象學之方法和精神的發展頗有關聯。

接着，我要探索「你」的究竟，人們一向只把這個字作為文法的形式。也許有人會說——雖然我自信當時並未用過這個名稱——我應該問問自己：文法上的呼格到底何意。當我為了……而向一個人說話時，是怎麼回事？目前，我還保留那些「……」因為「為了」（in order to, 法文中的 pour）能有數種毫不相同的定義。

現在以一件很簡單的個案為例：我為了問路而向一個陌生的路人請教。該路人在這種情況中，被視為純粹的消息來源；乍看之下，很可能認為他所扮演的角色與一張市區街道圖無異。不過，這只是一種抽象的限制而已。此處的「你」小得無法再小，甚至可以說：他並未盡到一個真實主體的功能（他和街道圖不相上下）然而，實際上，我詢問的對象仍是一個人，他以某種語調回答我，以某種神情望着我，也可能根本瞧都不瞧我；此時，我就會因着他不把我當人看待而覺得難受。說到這裏，有人會想起：任何人在一生中都必須與數不清的雇員或職員打交道，如果有個雇員不願像部自動售貨機一般僅僅以提出平平板板的答覆為已足，反而表現出關切而樂於助人的態度，必要時又能告訴我們如何得知可靠的消息，那真是難得而令人愉快的驚喜啊！諸如此類常見的例子，事實上很有啓發作用，因為我們可以從中看出究竟對話者能否自證

---

❷ *Gesamelte Werke* (Vienna: Thomas Morus Presse, 1952).
❸ Translated by R. G. Smith (Edinburgh: Clark. 1952).

爲一主體——就是說，他是否以主體對待我們。不過，此處的「主體」，其意義比一般哲學論文、特別是認識論論文中的意義要豐富些。這是不可忽略的。

我在一九一八年八月二十三日的形上日記裏找到另一則例子，提到某次旅行中，我和一個陌生人之間關係的演變。起初，他可能只是「那個又瘦又小的人」或「那個近視的老頭子」。經過一番言不由衷的客套，逐漸發現彼此有些共同背景，於是我們之間的關係轉變爲主體與主體的關係。奇怪的是，很久以後我才使用「主體際性」（intersubjectivity）這個關鍵字；直到今天我仍舊很難理解自己在使用這個字以前如何思想這些問題。當時我思索的材料得自某些觀察；我特別注意一個人必然感到的不悅——在他發現另外兩人當面談論他，又以「他」稱呼他時（「他就像這樣」或「他常幹這種事」等等）。此時，被談論者覺得自己被視爲一件客體，被貶抑到事物的層面——充其量只是動物的層面。他的主體地位橫遭剝奪。也可以說，他覺得自己不「和」（with，法文中的avec）別人一道，他被原來所應屬的團體排除了。這種場合中，「和」的意思很明顯；不過是否它眞屬於關係層面的問題呢？我們發現的難道不是一種超乎關係的合一性——像柏得利（Bradley）在《感覺》（*Feeling*）一書中所發現的？我寫道：「只需略爲反省『和』這個字所指涉的關係，就可以看出我們的邏輯是如何地拙劣而不足。除了簡單明瞭的『並列』之外，它根本無法表達日益親近的關係。如果我『發覺自己』在火車上或飛機裏，只是『緊鄰』某『素未謀面』的先生默默地坐着，那麼，我實在無法說我『和』他在一起。我們不是『一道的』（together）。在此，我發現：英文裏的『一道』（togetherness）這個不斈被濫用的名詞，在法文中找不到任何可能的同義字。似乎法文這種語言不願使某種有關『我們之間』（或『你我之間』）的性質實在化——亦

即概念化。」

　　從那時起，我開始認眞研究心電感應的現象。假如心電感應存在，什麼情況下才可能？能夠將它視爲信息（message）的傳達嗎？不過，也許應該先想想何謂信息以及它在何種情況下能夠傳遞。任何信息都少不了發出、傳達、接收三個過程。而「接收」一詞實不足以道盡那種實際上極爲複雜又包括理解與判斷的活動。舉例來說，某人由心電感應得知一個近人的死亡。這種現象顯然不能比擬爲信息的傳達。雖然目前看來仍很曖昧，可是必須承認臨終者的思想具有一種輻射能力，甚至可能使思想作實質化的呈現。不過，這種假定的「發射」應當是向着四面八方的，何以就讓臨終者念念不忘的人所「截取」？而接受者又用什麼方法把如此收到的感波轉化爲聲音或形像呢？是否這類範疇不適用於「和」之超乎關係的合一性那種樣式呢？此處應該注意，其它的介系詞亦可依樣類推。我現在就已想到了「傍着」（aupres de），英文同義字可能是「靠近」（close to），以及「居於」（chez），此字在英文沒有恰當的同義字。這些字都論及一種「親近」（intimacy），但是這種親近卻與布倫士維基（Brunschvig）等唯心論者所強調的內在性迥然不同。

　　我在一九一六——一七年多天，曾親自作過一些形上學的——今日多稱之爲副心理學的（parapsychological）——實驗，雖然相當麻煩，卻一勞永逸地使我確信這些現象的實在性，只有無知與自欺才會允許我繼續懷疑。從那時起，我的心智所經歷的路程，相信在法國還沒有人嘗試過。至少沒有任何一位原創性的哲學家曾經走過，卽使柏格森哲學，也只局部地作了類似的研究。在此，重述一九一六年四月二日的一篇隨筆原稿，正好可以說明這一點：

　　　　在春光明媚、晴空亮麗的今天，我突然領悟：所謂玄秘知識的
　　觀念，雖然一直遭到理智的反對，其實却是吾人最平凡、最明白的

經驗的基礎，就是感官、意志、記憶等經驗的基礎，意志具有暗示
作用（我人可稱它為神奇的暗示），誰會疑惑呢？身體難道不是──
我不是說靈魂的假象──靈魂的外顯、具現嗎？記憶的經驗不正有
效地否定了時間嗎？　這一切對我們蒙昧的心智而言，　簡直太明顯
了。❹

　　這篇隨筆寫在我說過的那些實驗之前，逐字推敲的話，難免會引起
異議：我是指「玄秘」這名詞也許用得不恰當。不過，雖然因陋就簡，
用它表達我後來所謂的「預期直覺」倒是挺有趣的。當時，由於不明就
裏的心血來潮，我斷然否定那種目前還很流行的看法，就是認為：一方
面有一些大家都於接受、並視為「完全自然」之心理學上的正常事實存
在；另一方面，在這些事實之上、由未知的界限所隔絕，也有一些與日
常經驗毫無關涉的奇異現象存在，而這些現象頂多只能歸因於未知的力
量或因素。我對這種看法的答覆是：人們大都有好多錯覺，現在我願意
一勞永逸地打破這些，人們樂於視為明顯的事實──如感覺、意志等等
──其神秘性實際上並不低於心電感應，　並且很可能 都是同類 的現象
呢！甚至當我們想闡明正常現象時，或許還須由超常的現象着手──因
為「正常」這個概念是不正確的，完全源於先入為主的成見而排斥與件
中最重要的歧異之處。

　　以上是我開始反省「 感覺 」時所有的思想背景，　同時我也由之深
究：是否能以一般的訊息模式來解釋感覺。在《形上日記》的結束部分
以及稍後發表的一篇論文〈存在與客觀性〉(Existence et Objecti-
vité, 1925) ❺ 中，　我曾試圖指出：不能把經驗到「感覺」這件事實解

---

❹ *Metaphysical Journal*, p. 130.
❺ *La Revue de Metaphysique etde Morale*, April-June, 1925.

說為某物的傳遞——如音波之類的——在這項傳遞中，原物會以不可理解的方式被翻譯或抄寫成一種心理狀態。我以香味做例子：

在清香襲人的花園與我的身體組織之間，流動著某物，科學家認為這種傳遞給我的某物只是分子的波動。一般人都不去思索此項假設的真正意義如何，貿然就承認：只要這個波動接觸到能夠感受的器官，就可以被轉述為嗅覺語言；不過，還應該看看：在根本上，我們是否具有相似電報員在收到訊號後所做的那種傳譯，或者是否在波源本身並沒有類似意識的現象；簡言之，我稱之為花的東西是否原來並無任何暗中的存在之喜悅，而它是在傳襲於我時就成為芬芳。無可否認地，或許我們必須認為這個問題沒有哲學意義。除非我們假設我們自己的選擇（嗅到花香）根本上是自作多情的，才有可能解決——武斷地——此問題。甚至我們得自問下面的假定是否具有意義，即：無論其來源如何，感覺訊息的轉述或傳譯是可能的。

就定義而言，所謂傳譯乃是將資料由一種樣式轉換為另一種樣式；要使傳譯可能，這些資料多少必須是心智的對象。然而眼前的例子裏，這點卻不可思議。為了達成我的傳譯，首先應該與原初資料 (initial datum) 有所接觸；可是在上項假設中，我預備精確地傳譯為感覺語言的事件根本未曾以資料的形式臨於我。我們被原始的空間幻像所矇蔽，而此空間幻像又是吾人所無法脫逃的。我們把下面二件截然不同的事混為一談，一邊是傳「於」吾人身體組織的擾人之物，另一邊是這種騷擾以資料形式臨「於」主體❻。

他的意思是：知的現象本身是一種主體際的存在的奧秘！

「於」這個介系詞，在前面兩種情況中表現完全不同的指示；只有

---

❻ *Metaphysical Journal,* Appendix, pp. 327-328.

第二種情形才涉及我所謂的親近關係，不論親近的程度如何。

　　由於我後來思想的進展，以及其他哲學家，特別是海德格更明確的見解的啓發，現在我知道自己過去想要表明的是：經驗到「感覺」這件事實，實際上是「在世存有」(being in the world) 的一種模式。在此必須承認，這句話是目前常見的德文成語 in der Welt sein 之不成熟譯文。

　　接着，我開始反省「我與身體的關係」的性質，弄清楚這些反省後才能把握本篇評論的要點。請注意，從現象學的觀點看來，這個問題取代了傳統的靈魂與肉身的關係問題。另外請注意「我的身體」的含意。很明顯，「我的」雖然是所有格，在此卻不能僅以所有格的意義去了解。擁有——佔有行爲——的性質實在很不容易澄清；我在大約十年之後，還不得不把一篇論「有」的現象學文章大加修改。我一想到我的身體，自然會認爲它是我用來完成某些行爲的工具，再由這些行爲與我後來所謂「外在實有」(exterior reality) 發生接觸。但是，一經分析就可以看出這種解釋——雖然既方便又易懂——在哲學上站不住腳。事實上，我若自問何謂工具，則答案是某種身體能力的伸展——人爲的或科技的。我若把這些能力本身也視爲工具，則將自陷於無止盡的回溯。我在一九二〇年十月廿四日寫道：「如果我把身體當成工具，也就賦靈魂——使身體成爲工具者——以相同的潛能，否則工具一詞無法理解。我若進而易身體爲靈魂，依例類推就陷於無止盡的回溯了。」❼ 當然，以靈魂的概念來說明這項難題可能有所錯誤。因爲我把自己當作主體，試圖闡明我與身體的關係，而經驗卻充分顯示出：我不僅無法完全控制身體，有時反倒受其控制，在自我與經驗無法分隔的重壓下，我不得不以

---

❼ *Metaphysical Journal*, p. 246.

等量的毅力抵擋一切試探性的努力——卽企圖在我與我的身體之間只視為具有外在關係，而堅決地肯定:「我卽我身」。

甚至，我們很容易可以看出: 這種信念——我後來以之為存在的信念——和我從感覺經驗得來的信念關係最為密切，而感覺經驗不容許我們把感覺官能只當作一種傳遞。

此外，當心別用唯物論的觀點去解釋「我卽我身」。唯物論在這裏無立足之地。只有將我的身體客觀化時，這種說法才可成立。如果我的身體能夠降格為客觀科學可以徹底描述的擴延性事物，那麼「我卽我身」這句話會有些什麼意義呢? 我曾介紹過所謂「身體——主體」的概念，就是說超越了科學家對於擴延性物體所能提出的眞實或理想的操縱。我甚至要說——也許會讓讀者大吃一驚——在某些無可置疑的 醫 療 個 案 中，我們必須假定醫療是以主體對主體的方式加諸「身體——主體」上的; 這樣才能了解: 為何痊癒的人幾乎都是那些醫療之初便在心理方面有所準備的; 而治癒疾病對主持醫治的人來說 ， 反倒無法理解 。 以上（的話）只是我為解釋一個艱深思想所作的說明，無意在此深究。

再者，我又自問: 是否我與身體之間的這種特殊關係——更好稱之為聯結 (nexus) ——是在我們所稱之存在的核心呢? 是否就我的身體之為「我的」，亦卽非客觀地看來時，不足以作為存在的典型呢? 我寫道:「世界的存在正如我身的存在，都是基於我與它（世界）之間的關係，換句話說，由於我之『成為身體』(incarnate) 的緣故」❽這點相當重要; 因為我若只從世界呈現的表象去觀察世界，無法看出它眞實存在; 那麼必然會產生外在世界是否存在的難題，而這個難題在這種情況下也是無法解答的。不過，提出這個「世界存在」問題的用意，乃是為

---

❽ *Metaphysical Journal*, entry of December 3, 1920, p. 269.

了可以毌須考慮主體與身體合一時所顯示的相同存在特徵。接着我推斷所謂「外在的」世界，其存在方式與我的身體如出一轍，我須費好大一番工夫才能將自我由之（外在世界）抽離出來。

這樣，我們便可以看出存在與客觀性的根本區別，這區別與傳統的、尤其自康德以後的唯心論對主觀性與客觀性所作的區分迥然不同。

這種態度應該算是實在論嗎？視之爲存在實在論 (existential realism) 則可，但決不是裴里 （Perry） 那種以事物爲客體的客觀實在論。在此，並非要質問事物的眞實性，而是要指明：事物的存在乃是被成爲身體的存有(incarnate beings)——如你我之輩——所理悟——，並且（其所以能被理悟）正由於我們具有身體。現在，我們可以看出這些反省有人類學的含意，不過此處的人類學是指哲學性的或存在性的，並不是那種以客觀的人性特徵或結構爲研究對象的學問。很明顯，以成爲身體——我當然不是取其神學意義——爲中心思想的哲學所導引的倫理規範完全不同於理性主義的唯心論所提出的倫理規範，後者總想使人類由具體的肉身全然抽離出來。這兩派思想在基本動機上並非必然相異，它們對人類行爲的觀點也不是不能一致；可是我認爲：如果爲了盡量減少原則方面的根本歧異而過於強調這點相通之處，卻是個大錯。記得五十多年前，有位巴黎大學 （Sorbonne） 的哲學研究者——是我現在研究院 (Institut) 的同事——曾經設計一小套有關道德的問答，想藉此證明人在判斷是非善惡時根本上都是相同的。當時我只是哲學入門的階段，然而對於這種把道德規格化的作法卻大感震驚。直到今天我仍舊相信這種反應是對的。正如我後來所作的解說，本世紀初期的許多人，尤其是哲學教授，深受怪誕想像之害，他們妄想着文明人在道德方面都是看法一致的。這些樂天者將會有怎樣可怕的恍然大悟啊!

我在戰時所寫的兩部劇本《升F四重奏》（*La Quatuor en fa*

dieze）與《打破偶像者》（*L'Iconoclaste*）絲毫未曾涉及當時我日夜縈懷的種種事件。可是從同時的另一部劇本的主要一段看來卻又不然，這在下一章的開頭將會提到。

　　誠然，《四重奏》與《打破偶像者》也具體地指出了我在前面提到的思想路線。但是這絕不表示我準備以劇情來闡釋思想。我在這兩部劇本中所關心的，是某些角色身處的實際情況，第一部的靈感是得自一個家庭故事，第二部則源自一件很特殊的事情。是大戰前幾年有位英國佬在瑞士的一家旅館中告訴我的。

　　《四重奏》的女主角克蕾（Claire）是作曲家史德方・馬則耳(Stephane Mazere)的妻子。史德方虛情假意對她不忠，使她在忍無可忍之下決定離婚。史德方有個深愛他的弟弟，名叫羅哲（Roger）；羅哲與克蕾的交情也不錯，在她與乃兄離婚後仍舊保持來往。不久，克蕾開始逼着羅哲向她求婚，她愛上了（或許自認爲愛上）羅哲，而羅哲對她可能也有幾分尊敬與同情。總之，他們結婚了。

　　婚後，羅哲瞞着脆弱善感的妻子，定期在老家和哥哥會面，同奏樂曲。克蕾發現這段持續的親情時，除了憤怒更且表現得倔強而不可理喻。事實上，她選擇了道德判斷最自私、最狹窄、最可物議的一面。羅哲對她這種無聊而任性的反應簡直煩透了。至此，不免使人懷疑他們的婚姻是否經得起這次考驗。

　　就在這時，克蕾突然心血來潮的上一家音樂廳去，躲在角落欣賞史德方剛完成的代表作──升F四重奏。史德方在這支樂曲中以不朽的旋律表達出他們夫婦共同生活的情節，甚至對早夭孩子的懷念。克蕾因而深受感動，也誠心地就這曲昇華一切嫉妬與貪慾的樂章自我檢討。難道她從前對史德方的愛情又復甦了？事實上並不僅如此，克蕾似乎經歷了某種非宗敎性的悔悟，赫然進入一個新天地，超越了一切「自愛」的境

界。此時她才明白：她所愛於羅哲的或許只是史德方的影子而已。於是
她又情不自禁地向羅哲坦誠這個發現；奇怪的是，羅哲不但不生氣，反
而心懷感激地傾聽她的自白。克蕾問道：「你呢？還是他呢？人的界限
究竟是什麼……難道你不相信：我們所關愛的任何對象都會有我們的影
子嗎？」（譯者按：正如羅哲與史德方手足情深，身上仍有彼此的影子）
羅哲喃喃低語：「這話頗有道理。」的確，音樂從不作僞，而且只有音樂
如此。 羅哲繼續說：「也許在我內心深處更希望你愛史德方。」對他而
言，這次眞誠的交談說不定正是原本冷漠的婚姻關係的轉機呢！

　　至此，我們又領敎了音樂的樞紐性，在某種意義下它更主宰了我的
思想之全部發展；進一步說，音樂或音樂意識顯然完全超越了 Eris（希
臘神話中引起爭端之神）的領域——其中充滿爭辯之聲，人人都顯得生
性自私、貪得無厭。由此看來，音樂同時成爲（使哲學反省導向具體的
「你」和「我們」的）主體際性之感性與超感性的表達。這裏也隱約提
到了對「有」（having）的反省，我在大約十年之後才細心論究此概念。
所以，戲劇再度能像預言似的電光一閃地把未來所要探討的思想領域先
行揭露了。

　　《打破偶像者》中也有相同的情形：阿貝•樂諾廸 (Abel Rena-
udier) 一直熱愛着摯友夏克•德羅姆 (Jacques Delorme) 的妻子費
薇安(Viviane)。可是爲了夏克的幸福着想，阿貝始終不曾表露心迹。
費薇安早逝。不久，阿貝到俄國旅行，途中聽說夏克準備再婚，對象是
馬德蓮•莎佐 (Madeleine Chazot)。阿貝視此爲背叛行爲，故而甚
爲憤怒， 同時也覺得自己受到了傷害。 難道他的犧牲不該使他有權設
想：夏克會永遠忠於對亡妻的懷念嗎？現在他自認爲有義務爲費薇安報
仇了。夏克再婚， 等於離棄故妻， 也就沒有資格再擁有對她的美好回
憶。所以阿貝決心盡力粉碎夏克對費薇安的印象：劇本名稱就是《打破

偶像者≫。他的報仇計劃是設法使夏克相信他（阿貝）曾與費薇安有過不忠於夏克的事。

可是實際上，阿貝並不完全了解第二次婚姻的背景。費薇安去世時，夏克悲傷逾恒，曾想自殺，只是拋棄不下兩個無辜幼子。後來他接受一位朋友的勸告，藉着（神秘的）「自動書寫」和亡妻取得聯繫。他們兩人保持着定期的交往，在交往中費薇安自己（或是夏克以爲如此）要求他娶馬德蓮做孩子們的繼母。溫順熱誠的馬德蓮完全明白（或者相信）他們之間的神秘交往，也就答應了。

在此必須附帶說明一下，這件事的副心理學部分是我在瑞士直接聽到當事人說的。他與亡妻的兩個小孩和剛生下一個孩子、安祥自在的現任妻子都住在瑞士。我仔細尋思這位婦人必然會有的感受，體認她所深處的不平凡重婚；這就是本劇的來源之一，也是我所能做的唯一說明。

由此看來，阿貝視爲背叛的行爲其實正是忠實的更高形式。他在下一幕中已經設法使夏克心生疑竇了。馬德蓮哀求他讓她丈夫的心靈重歸平靜。在她看來，夏克無法承受這樣的事實，即：他原來是幻覺的犧牲品，並且把潛意識的輻射作用當作眞實的交往；一旦他覺得自己被費薇安所瞞，就會將（現在的）這種（與馬德蓮的）關係看成只是幻覺而已。眼見自己的錯誤所帶來的後果以及造成的痛苦，惶恐的阿貝想要挽救時已經太遲了。因爲夏克不再相信他。即使他爲了使夏克安心、而捏造費薇安的話，說她臨死前曾託他轉告夏克再婚，也沒有用了。突然間，他對這些謊言感到羞愧。在他看來，他採用的欺人技倆正在褻瀆對費薇安的神聖回憶。此時他覺得自己所能做的就是對朋友絕對眞誠，所以他請求夏克不要再執迷於完全空幻又有危險性的交往方法，應該面對那能夠使人眞正重聚的奧秘。然而夏克本人卻極其渴望直接的、可驗證的接觸。他非要有個費薇安在那兒回答他不可。現在我把該劇的最後一

段對話寫出來，它將比任何註解都清楚。

夏克（深情地）：要看、要聽、要碰到。

阿貝：這是一種誘惑，你的心靈不當被它欺瞞。不！到頭來，你不
　　　會滿足於一個取消了奧秘的世界，人就是這樣。

夏克（痛苦地）：你對人又知道什麼？

阿貝：相信我，知識會把自認所知的一切放逐至無窮遠處。或許只
　　　有奧秘能夠使之重聚。沒有奧秘，生命將無法苟存。（他轉
　　　向仍然坐着、一動也不動、目光空茫的馬德蓮）再說，你也
　　　知道，人沒有權利這麼做；沒有權利、沒有權利（他的意
　　　思是：人沒有權利虐待像馬德蓮這種願意為愛做最大犧牲的
　　　人）

馬德蓮（低聲、哀求地）：不要再說了。

阿貝：求她寬恕你吧！除了謙抑自己外，沒有別的智慧。（飲泣地）
　　　判官也罷，打破偶像者也罷——生命本身會擊敗他們的，
　　　啊！生命，或是那不可名言的「祂」❾。

　　就這樣，在這齣獨特戲劇的尾聲裏，奧秘的積極價值露出曙光，我
在此後的作品中對它有更明白的解說。不過，根本上，夏克與阿貝都具
體表現出我的相反又似乎不相容的思想觀點——在生存問題方面，以及
對於那可否與那些離我們而去、常為我們思念的人保持聯繫的條件方
面。我們現在接觸的，正是這個問題思想的核心，以後我還會常提到
它；此外它也與我一向厭惡的教訓主義（didacticism）完全相反。有
一句話我們該牢記在心，它預先道出了我後來論及現代人由於本身的驚
人科技而面臨的恐怖世界所不得不說的，就是「到頭來，你不會滿足於

---

❾　*L'Iconoclaste*, p. 47.

一個取消了奧秘的世界。人就是這樣。」然而，當我們面對眼前的恐怖景象時，是否也該自問：「我們不但有壓抑這種需要的能力，也有能力完全抹煞它。難道這不是可能的嗎？」（傅佩榮譯）

四、忠於自己

數月前，我重讀了那篇寫於一九一八年四、五月間的殘稿。在前章我便曾談及它。它是一部名叫《一個正直者》的劇本的第一幕。這部不曾刊行的劇本如今有一種比我截至目前所曾論及的其他作品較爲重大的意義以及有一種預示的價值 (premonitional value)。

我最好先把我之所以構想出此篇殘稿的特殊環境描述一下。自從戰爭爆發，作爲一個平民的我，便試圖在一個根本錯誤的位置中尋找平衡；這種試圖終歸徒勞無功。而這本殘稿便包含了我那時的思想的正確反響。其結果不只令我對那些使我感到自卑以至近乎羞慚的戰士們致予敬意，同時並使我忠於自己而不致對軍隊採取一種做作的或諂媚的態度。每當他們在場時，我必須避免說出任何會打擊他們的士氣的話。可是如何保持眞誠便成爲此刻的問題。我如何才能使自己不致感覺到被迫入一種欺騙或甚至一個加諸自己的謊言之中呢？

另一方面，在前一年中曾發生了一些在我腦海中留下深刻印象的事情。我有一個獻身於哲學的同學，他爲人非常嚴正，是一個深信和平主義的人。在一九一七年四月十六日的流血防禦之後，他被牽連入一件有關送往前線的宣傳小册的案件。這些小册明顯地呼籲叛變，並且事實上在某些單位中觸發了叛變，而由長官嚴厲地平息。許多叛兵遭受了槍決的命運。

　　爲了他的行爲，我曾嚴厲地批評我這位朋友。我自問他將何以忍受許多士兵因受他的鼓動而叛變、因而被判死刑這一思想。我非常了解他，深知他的意圖是非常純粹的。他的行爲就像一個理想主義者。在這整個事件中，那悲劇性的矛盾使我思考了一段長時期。一如許多次一般，這種反省結果形成了一齣劇本。

　　第一、它是一個將那些在戰爭後方的人們的心理逼眞地描繪出來的問題。在那劇本中，一個名叫方濟・雷居耶（Francois Lecuyer）的青年兵士，由於在戰爭中的特殊表現，獲頒十字勳章（croix de guerre），接着並獲准休假。親戚朋友們紛紛向他道賀，道賀的羣衆中，有一個已退伍的上校；他從一份大規模的國家主義的日報中追閱軍隊行動的詳細情況；他衷心地將一個樂觀的命令所有的口號向自己朗誦，而且指責那些閱讀瑞士報章以圖熟悉敵人的公告的法國人，稱他們爲壞公民。除了這上校之外，尚有一些婦人，他們欲使自己相信他們親愛的士兵們皆是愉快的、帶着微笑的英雄。此外，還有那些妻子們、母親們、情人們，正爲着他們的丈夫、兒子、情人們戰慄，正在憂慮這場惡夢不知將持續多久。

　　其中有一位憤世嫉俗的遁世者，他擅於嘻笑怒罵，並且充滿着失敗主義的思想。其中更有一位因受傷過重而無法返回前線去受苦的士兵；當他離開他的戰友們時，他心中充滿了憂恨。方濟的士氣非常高昂；可是他拒絕詢問自己那些惱人的問題，如：戰爭可能持續多久，戰爭的意義，戰後的情況等。另一方面，他的兄弟雷蒙（Raymond）卻被這些相同的問題所困擾，而同時卻又感到應該保持緘默。雷蒙是因爲醫療的緣故而獲得免除兵役的，雖然如此，他卻在每一可能的方面都努力使自己成爲有用。

　　可是雷蒙的一個名叫賓納・格魯歐特（Bernard Groult）的朋友

也在那裏。他亦獲准離營休假，但他相信這將會是他一生中最後的一段
光陰，他一旦回到前線便會被殺。他感覺他必須將那種他每晚在戰壕內
不停地思索着的非國敎思想告訴雷蒙。賓納發現在這次戰爭的責任和目
的之問題上他實在無法苟同於那些國家主義圈子中的所謂優秀的法國人
——那些國敎的信奉者。這種騙人的國敎主義使他爲之恐懼；他覺得當
他在戰場上搏鬭時他至少有權利作自己的思考以及將自己的想法自由地
向朋友吐露。然而雷蒙卻在自己被涉及的範圍內否認這種權利，而被迫
的內心的緘默使他感到痛苦。年青的方濟聽了這次談話，很明顯產生了
一種不舒服的感覺。因爲這次談話恐怕會對他所希望保持完全的士氣予
以打擊。他無法再忍耐這種談話，於是偸偸地溜走了。只有雷蒙和賓納
留着。賓納可以毫不遲疑地將內心深處的想法說出。他以這次戰爭的根
源作爲開端。從表面看來，說德國開啓戰端的話無疑是正確的。但在德
國之背後，卻有一個全然犯罪的歐洲。他說：

　　關於(一九一四年)七月最後一週那種無法解決的混亂，我無
法找出任何清晰思想的痕跡；我覺得沒有人需要當時的情況發生。
戰爭已瀕於一觸卽發。是誰引發了導火線？我對此一無所知，我
甚至無法肯定詢問這樣一個問題是否有任何用處。縱使其中有一
人於犯罪的神志清明之瞬間會做出那決定的手勢，我仍認爲這並
不會證明甚麼。那行動做出來了，人們都相信自己正被襲擊，他
們都只是在保衛自己。假設有某人敢於引發這一切；如果你樂
意，試想像出某個他必須回答問題的形上法庭。我們是說「敢
於」嗎？我們知道他並沒有感到自己是被迫下令以致引發出目前
的一切事情嗎？我們都知道，我們裁決那個最自由的行動往往伴
隨着一種至爲難逃的命運之感覺。究竟這種當下的感覺對呢？還
是我們的裁決對呢？而這問題本身又是否有意義？在我的心目

中，這個人乃被需求、責備和欲蓋彌彰的威脅所追逼。假設這就是威廉第二。是甚麼令我們不相信：他認為先發動戰爭是他的責任，以及他若等候一年，他將會對他的人民犯上罪咎？他何以不能衷誠地相信這一切？最後，如果他確信這戰爭是不可避免的，那麼他是否不對呢？

雷蒙：你非常清楚這是一種詭辯，我們只須將事情展延，便往往可以使它們不致發生。

賓納：可是他若真是一信徒，而在天主之前深感對他的人民負責任，那麼他是否有權利將信任置於等待所會帶來的希望？我想像他是如此想的：我的責任就是不惜代價去行動。也許他的邏輯非常簡樸，而我知道我們的良知拒絕接受它，但它是一個敬畏天主的審慎的統治者的邏輯。（帶着激烈的情感）：是的，我跟你一般了解這一切是一種折磨；而跟其他人一般地相信我們乃是面對着一頭曾襲擊羊羣的狼也許會好些。你能責備我不能這樣想嗎？難道我的責任只是將耳朵塞起來？

　　最可悲的事，就是賓納看出在整個衝突之中只是分裂的歐洲的自相矛盾，所以無法相信那是一種名符其實的勝利。這些宣稱勝利的人在想像什麼呢？「某種清算嗎？誰的債務？德國人民的債務？就像是一種掃滅整個國家的債務！」雷蒙反駁說最低限度取得一種政體的政變以及創造一種新的心靈狀態是可能的；賓納只回答說：這些改變並不能以武力逼成。

　　只有反省才會有任何價值。「無論我們感覺承認這些是多荒誕和錯誤，我們卻必須承認：那些你甚至不能設想的恐怖和暴行，不但不至於殺戮或麻木我們的思想，終有一天會鼓舞我們的反省。可是當一個開明的德國會跪在悔悟之中的耶穌受難日（Good Friday）來臨時，她（德國）必須發現她正面對着正直的人們。」而這是指那些人取得權力之日，

卻會制止自己將那些他們認爲方便時所引用的優良原則踐踏於腳下。

　　賓納的話勾起了雷蒙心中一股無名的憤怒。我們若眞的不再相信法國是爲眞確的原則而流血，則我們的責任將何在？他覺得這問題對於那些只有服從的士兵們是頗爲簡單的。「可是要替自己負責的，我們兩人又何以自處呢，賓納？」

賓納：可憐鬼，你期望我給你些甚麼建議呢？

雷蒙：你能否對我發誓，你之信任我並沒有任何其他動機？

賓納：只有一種熾烈的或許怯懼的終於被人了解的需求。在前線我是非常孤單的。噢？那裏有好些善意的人，他們的善意絶不亞於我們兩人。但這有何用？……而那裏亦有些人無知地諷刺我們；還有那個我以前曾向你提及的教師，他是個可憐的社會主義者，戴着眼鏡，頗爲溫文；此外還有那個更糟糕的小鎭律師，他計劃參予左翼的政治。他們皆非那些會將和平帶給地球的人。

雷蒙：（一直細聽着賓納的想法）可是將這些眞情公佈出來不就是叛逆嗎？正如你剛才所說的，人們是否一定要終日冒生命的危險才能獲得直接注視這些實情的權利？況且如果你們身爲軍人的有這種想法，那麼我們這些不冒任何風險的非軍人又以甚麼權利來推動這項戰爭？這不就是成爲一個更虛僞、更卑鄙的叛徒的另一種方法嗎？

賓納：誰的叛徒呢，雷蒙？

雷蒙：自己的叛徒。一個人只能出賣自己。所有的叛徒都只是一個謊言。而你是否看到——我知道我時常這樣想。在寫信給前線的朋友時我所感到的痛苦——一方面懼怕挫滅他們的士氣——可是，最懼怕的還是造作地飼育那愛國主義的有用的火焰。

賓納：腦中的瘧疾？

雷蒙：我繼續在這兩種危險中掙扎着。如今聽到你說出這些可怕的
　　　事情……當你去後我將會有甚麼遭遇呢？

賓納（溫柔地）：是的。

雷蒙：你不明白；我只是指你回去後。

賓納：不，親愛的雷蒙，這是你第一次說對：當我去後。（一段沉默）

雷蒙（痛苦地）：可是為了甚麼呢？　如果事情真如你所說，　這又會
　　　有甚麼好處呢？

賓納：你是在問我為了甚麼獻出自己的生命。這仍舊被一個交易的
　　　觀念所困擾，似乎我們最高超的經驗並沒有日益從交易中移
　　　掉。一件禮物：想想這個字最有力的意義。我如果會有一絲悔
　　　恨的遺痕，那麼我就不會再相信我剛才告訴你的那些事情。
　　　我深懼這些想法只表露出我個人的感受和無價值的怨恨；這
　　　種懼怕將會毒害我。我可以自由地、肯定地將這次戰禍所帶
　　　來給我的全部怖懔表達出來；這只是因為我曾一次而完全地
　　　接受了這次戰爭之暴行所能帶給我的一份。噢！我有時會想
　　　像一些事物，有時我會戰懔。可是清明的思想只有在我接受
　　　完全的犧牲時才會降臨。這種思想是半透明的；它落實於犧
　　　牲之中，就如靈魂之於肉體。我並不曾以任何其他東西作為
　　　交換而得到它。

雷蒙：然而這種思想並無任何足以使人有勇氣生活的東西；它到處
　　　揭露錯誤和死亡。

賓納：何以從你了解我之後，投射於你臉上的目光便不再與前相同
　　　了？如果這種想法思想在將於明天死去的我的身內只表示一
　　　種意識的和浮化了的無可奈何，而在你的身上則可變成行動

的話，那又有甚麼關係呢？「給善心的人平安」(Peace to men of good will) 是常見的壞的傳譯。 這應為: 「讓善心人謀得平安」("Let peace be wrought by men of good will") (一段很長的沈寂)。

雷蒙 (聲音低沈): 那會是我的責任嗎？

在那些從未寫出的隨後的數幕中，雷蒙被牽連於一宗和平主義 (pacifist) 的行動中， 就如我在前面提到的那個朋友一樣； 可能在結尾中，在他的行動所引起的後果的驚嚇下，他會將整個問題重新打開，也許他會因而自殺。

雖然在當時我所以沒有完成這劇本的理由並不明顯。但現在這些對我都已是非常顯而易見。關於劇中的軍事背景，我所知的都是透過我曾讀過的書籍和報告得來的； 所以我感到自己並沒有足夠的能力將它描繪得很好。可是撇開此事，雖然那劇情的順序尚富於戲劇性，但已不再能引起我的興趣。它的發展會陷於近乎機械化的危險。對我而言，這件事的基要面在乎賓納與雷蒙間之原始的聯結。

如果這顯得我過於強調此殘稿，那麼，我會指出其中所展示的問題，正是那個日後再度出現的問題，例如，在阿爾及利亞(Algerian)事件中，當一些名流學者印行了一份傾於不服從的宣言時，這問題再度出現，而且針對着這些人的行為是否叛國。但是用我自己的哲學名詞，我會強調說: 在此劇本的草稿中，以及於非常具體的情況中，忠信(fidelity)的問題首次展示於我——這個問題跟着便在我心目中取得了一個哲學上的重要地位。從這事例我們可以看到，戲劇的創作往往預示了反省的思想。

事實上本來就應如此， 因為反省往往是後於經驗的。 可是在此處我們乃討論一種非常特殊的經驗。這種經驗包藏於那些相互衝突的虛構的 (imaginary) 人們之中。虛構一詞可能會引起誤解。為了更精確一

點，我必須指出兩類角色（characters）。第一類的角色，就如我在現實生活中所曾遇到的人們一般，以一種大力將他們自己印在我的心上；另一類的角色，則是我自己構想出來推展劇情的；他們其實只是一種並沒有自身價值的工具。也許只有這些構想出的角色才應稱爲「虛構的」。在這一點上我應附帶說明，在那種我一向所厭惡的「問題劇」（"piéce á thése"）或「哲學劇」中的角色，都是用來表明觀念，或作爲表明觀念的角色的襯托。

　　如果我自己的劇本是屬於這類，我絕不會讓它們在這些演講中佔有如此重要的地位，因爲它們對於哲學作品本身並沒有增加多少。可是事實剛好相反。我會認爲這些角色乃是在與一種近似於生物學者所研究的歷程相一致的情況下，從我自己的實體中形成的。我必須補充：「我自己的實體」這幾個字相應於某些非常奇妙的東西；這些東西與我的現實生活或此生活所顯露的特色皆毫不相符。正如我那《山顚之路》（Chemin de crête）一劇的女主角雅麗亞納（Ariaclne）所說：「生活中最恐怖的事情，就是擁有着那些不只是失落，而是我們被剝除了的東西；可是他們卻像倒懸的影子，或夜行的破壞力量一般地存在於我們的身中。」換言之，在一種極深邃的意義上，「我們亦是我們所不是者」（We are also what we are not）；對於我們自己，有一種並不直接顯示於我們的行爲中的「反面實在」（counter-reality）。這「反面實在」像影子般盤旋於我們的行爲之上；而我將毫不躊躇地指出，對於小說家和劇作家而言，這「反面實在」會變成創作的泉源。此外，從我自己的經驗，我發現虛構的角色只有在一種他們必須互相面對的特殊處境中才能形成。我會將此處境比作音樂中的和聲背景，在此背景中一種悠揚的主旋律乃發展出來；因爲這旋律永不會意外地將自己呈現出來，亦不會不管是那種和聲背景便呈現。它正如角色必產生於一特殊處境中一般，必產於一特殊背景之下。

　　我完全了解某些讀者對我上面所表達的思想會感到不安，他們可能期望一個職業哲學家用那些通常的演繹式或非演繹的、辯證或非辯證的推理方式來展露觀念。可是我一開始便已強調，我在這裏試圖提供的並非一些太正式的論述，而是一種意圖反省它自己的發展的探查。這種探查乃導向於一些直接的問題；一個人如想向自己查問關於人類實有在今日世界中的前途，以及探求有否逃脫目前命運的方法；這命運看去不再寓於人本身以外，而直接淵源於人之實在。

　　第一次世界大戰剛結束，我便到桑斯（Sens）出任哲學教師；當時我寫了大量顯得完全與我的哲學無關的劇本。事實上，有一陣子那些劇本似乎甚至會取代我其他作品的地位。我正在構想例如《新的看法》（*Le Regard neuf*），《明日之死》（*Le Mort de demain*），《他人的心》（*Le Cœur des autres*），甚至《上主的人》（*Un Homme de Dieu*）及《靈堂》（*La Chapelle ardente*）等劇，到了後來我才曉得這種分別是虛妄的；通貫了我所有的劇本，我乃在追尋着同樣的探查，而在我十至十五年後的哲學著作中便包含着這同樣的探查。

　　這些反省的作品似乎有必要展延完成的時日，因為它們若於尚未成熟的時候便告完成，那無疑會損害那些在我的各劇作中獨立發展的角色之自主性和直接性（reality and immediacy）。等一會兒我將會回到其中兩個劇本。可是我先回到《一個正直者》一劇中所提出的問題，以試圖表明此劇本之草稿預先展示了一種存在式的思想（existential way of thinking）。而我自己對這種存在式的思想的明顯陳述，以及沙特（Sartre）對它的更系統化的發展都遠在此劇之後。而沙特的方向與我的方向是大異其趣的。

　　這正是我所要指出的：我們不能再單是詢問我們自己：賓納的結論是對的還是錯的。我們必須在此處作更細微的分別。我們今日可以清晰

地看出，當賓納說歐洲正在與自己開戰時他並沒有錯。未來更能證實他的憂懼。 第二次世界大戰完成了歐洲的自毀。 如今所有那些日益加速地顯露於我們眼前的事件正是這自毀的結果。但是那重要的卻是另一問題； 它屬於道德的領域。 它是有關於賓納是否有權利把一種勢將深刻地影響那聽者的行為的判斷告訴別人。最有意義的莫過於他所說的這句話： 如果他不是接受了他認為對自己最壞的東西，他就不可能讓他自己擁有這種權利。總言之， 那使人有作某種判斷之表達的（非此判斷本身）權利者，是一項事件在存在中的地位，乃一種本身係存在性的價值。傳統的哲學使我們習慣於認為一種真理是絕不會被它的宣說者所處的情境所影響的。很久以後，我才把這種想法表達出來；我說： 一語句之存有的份量 (Ontological Weight) 蘊涵著某些比此語句的內容更多的東西。例如， 沙特在一九四六年到日內瓦時歡迎那些向他致意的記者時說道： 「各位，上帝已死！ 」當時我便責備他說： 「若果只看此語句的內容， 那與尼采所說的毫無差異，可是事實上卻並非一樣，因為那存在的脈絡（existential context）是大為不同的。對尼采而言，這可怕的肯定乃是一個感覺自己被判褻聖的思想者在恐懼與戰慄之中道出的私人思想。而當沙特在機場將它提出時，它卻變成了報章的大標題，於是由此而喪失了它的實質。」

　　賓納說話時就像一個知道，或以為自己知道死期已近的人；他可以相信自己有道德責任將一種環境無法容許他自己完成的使命付託給那將活下去的人。 所以他認為自己無法完成使命 是一項錯誤 或甚至是有罪的。 在任何情況下都可以肯定的就是雷蒙和賓納兩人均深深追求忠誠（雖然賓納的深度較差）， 他們也同樣對叛逆有極深的恐懼， 可是他們並不知道甚麼是忠誠，也不知對誰要忠誠。不要做一個叛徒是甚麼意思
　　我現在要表明的，就是從一個我再無法絕對確定的、但一定是在一

九三〇年左右或稍前的日子，這忠信之主題如何在我心中取得一中心的重要地位；就如下列那引自《是與有》 (*Being and Having*) 一書中沒有註明日期的筆記所述：「存有作爲忠信之所在」（Being as the place of fidelity）。而我加以補充：「這在一特定的時刻浮現於我心中的陳述何以會形成一音樂主題的不竭的靈感？——往存有學的通路——背叛則是一種內在罪惡。」❶

這語句乃於一九二九年我改信天主教以後才出現於我心中是極可相信的。而這次的改信天主教並不見得是一斷裂，反而是我心中發展了十年以上的思想之成就和結論。由於這並不屬於我們目前探究的層面。我們且不必停留於其上。那時，我以法蘭斯瓦‧摩利雅 (Francois Mauriac) 許多書之一爲題寫了一篇文章，摩利雅在寫給我的道謝信中向我提出了這麼一個問題：「你何以不再參加我們的行列呢？」這問題鞏固了我心中一個決定。我將永遠無法知道這決定是否出於自發的。可是它的形成則可以肯定是由我和那名叫查理士‧杜‧波斯 (Charles Du Bos) 間之深厚友誼所造成的。查理士‧杜‧波斯雖然在出生時便成了天主教徒，可是才剛剛在他前所未達的深度中重新發現他自己的宗教。我豈能不將這些友誼和相遇在我一生中所佔的地位標示出來呢？事後回想起來，這些遭遇經常如從我的眞己中喚取出來一般；因而在這樣一個範圍內，外在的和內在的分別已變得毫不重要，或者更正確一些，被吸入於一個和諧且更爲豐富的實在之中。我覺得這些豐富我們生命之組織的遭遇，可以透過音樂創作中一主旋律喚起另一主旋律的現象之類比而了解。

---

❶ *Being and Having,* trans. Katherine Farrer (Westminster, Dacre Press, 1949). Quotations from this work are from the English edition.

　　如果我現在問自己「存有作爲忠信之所在」一語的啓廸的力量，我會說：一種舉出我對父母及朋友的深情在我一生中所扮演的角色之純粹心理學的解釋，在這裏並不足夠，而且甚至會失去問題要點。這裏最好設法去意會此語的意義，雖然此語從字面上去理解會引起反對。此語似乎只有透過某些類如「光明」的媒介觀念才會獲得其意義。此外，以一動詞來替代那名詞，以及求援於一動態的術語以代替一種靜態的語言將會是適當的。因此我們以類似下列的陳述作爲結尾：在忠信之光明中生活就是向存有本身移動。可是我們仍沒有消除「存有」一名詞。現在可以清楚地看到，將存有想像爲某種我們趨向的終點是毫無意義的。相反地，我們可以確定地想到在存有的不同形式之中可能有高低的階層。這樣就可能有更爲完美或比較不完美的存有。由此我們可以明白，比起一個在衝突的情感和不連貫的行動中消耗自己的人，一個忠誠者事實上是更完美地走向存有之路。

　　只有當我們對忠信作審慎的探討，才會顯示出這一切的意義。探討結果，才會知道不可把忠信視爲靈魂的一種惰性，而必須將眞實的忠信看成是創造性的。在一種以紀德（Andlré Gide）爲法國之主要代表的文學中，上述這種混淆被軌溺和鼓勵着。

　　對這位《大地的食糧》(*Nourritures terrestres*) 之作者來說，祇有不斷尋求新鮮，拒絕讓自己爲過去生活之空虛所累，生活才有價值。就我自己而言，在每一範域之中，我經常在新鮮氣息中，但同時我亦時常提防自己對於持久（duration）或對於持久的事物作過於簡單的想法。

　　如果我沒有記錯的話，那麼「創造性的忠信」（creatire fidelity）一語最先出現於我一篇題爲＜關於存有的奧秘＞(On the Ontological Mystery) 的文章中；這篇文章在我的哲學著作中佔有中心的地位：

「忠信其實與一種無活力的附和主義（conformism）正好相反。它是某些永恒的東西之主動的認可，並非形式地——以一規律的方式——而是存有地認可。在這種意義下忠信便往往與一臨在（presence）相連結，或甚至與某些可以及應當在我們之內或之前被確認為一臨在的東西相結合；而這種被確認為一臨在的東西事實上經常會完全被忽視、忘卻及毀掉。這會使我想起那種我認為會掩滅我們整個人類世界的叛逆之影子。」❷

這樣忠信與臨在的關係便極其清晰地被肯定了。此處我們於這些講詞中首次遇到「臨在」一詞；此詞在我的作品中經常出現。可是我們必須承認，要給予此詞一個嚴格的定義是絕對不可能的。臨在是不能理解的——因為這將是自相矛盾——臨在只能透過直接而無懈可擊的經驗之助而被認出；而這些經驗皆非得自我們用以達到對象的概念工具。我們都十分清楚，我們往往很容易會和一些並非有意義地臨在的人搞在一處。奇怪地，我們愈以實踐方式去體驗，這就顯得愈清楚；例如，當我們預先知道他們對我們所說的每句話像是機械地會作怎樣的反應時，就知道他們並不臨在。我們現在回到先前有關「你」（thou）及有關「與」（with）所指的關係的題材。為了更具體地看看這一切，我們且回想一些譬如我們從葬禮所得之經驗。某些我們也許可以當為朋友的人，只給予我們一些似乎應由自動分發機分派的鉛印公式；這些人並不臨在，而我們自己亦非為他們而臨在。某些人則剛剛相反，他們的一瞥，一句話，或是他沈默的特質，皆能使我們無法否認他們的臨在。我們在一起，互相遇到，這共同的臨在（co-presence），留下了一條將會延長的犁溝。我們每一人，若真願繼續作這種鑑別，那他將會知悉在他生命

---

❷ *Philosophy of Existence*

中存在着臨在與忠貞 (loyalties)；而這臨在與忠貞是極不同於世俗的或職業的關係與從這些關係導出的義務。

我們在這裏所有之明顯性，與笛卡兒式的那種與清晰明瞭的觀念相聯結的明顯性迥異。那麼我們是否一定要說這是一種唯己獨知而不可溝通的明顯性？我並不認為如此。我認為在這種情況中，就如在其他的情況，尤其是藝術的領域中一般，在一方面任何人均可知悉及另一方面唯己獨知之間，有一種中間的情況；這種中間的情況祇呈現於一個具體的我們 (concrete us) 之前；這是二個以上的自我間之溝通；就如環繞一極受鍾愛的作品所心照不宣的共鳴，然而無數的人將始終無法品嚐。

我想這些反省使我們清楚地看到何以「談」臨在是很難的。這是因為一落言詮便難免對臨在有所貶抑和歪曲。只要我們想想那種經常出現於紀念演講詞中的那類欺瞞，我們便可對此有所知悉。這些演詞的目的是要宣揚某一人物，結果反而把他弄得玄妙不可究詰。他們以一些全不相干的形像和觀念來替代我們所許與忠信之無法言傳的本質。

於此一定將會出現一種反論，我們不如乾脆地直接加以處理：我們平常不是說要忠於一件事或忠於一則嗎？然而就如我們曾將臨在加以定義，那麼臨在又變成了甚麼樣子呢？我相信我們必須回答說：我們正在討論的忠信與那些來自惰性甚至盲目而頑固的眷戀之間，是有着某種相似性的。然而在這種情況下，我認為思想有責任重新提昇這種下墮的趨向，並重新喚起充滿着存有的經驗之記憶；習慣和日常生活的工作似乎密謀聯合起來使我們忘卻這些經驗。

在此處參引羅伊斯 (Royce) 對於忠貞 (loyality) 的深入見解大概會饒有趣味。大家公認他對於忠貞的靈魂所獻身的事件之超個人特性體認得非常清楚。而這就是說在這種意義下的事件永遠不能歸約成一純抽象的原則——例如正義之原則。某些具體的上下文必須進入忠信之

中；如果「臨在的」（présentiel）這個名詞就如「存在的」（existential）一詞那樣被容許於哲學談話中應用，我會喜歡稱這種上下文爲「臨在的」。

　　自從一九三二年我逼近羅伊斯所提及的這一問題後，這個問題便固定地盤據着我的心頭；此外，每當我參與任何事件時，這問題更以某種方式浮現出來。但我看這問題的角度卻和羅伊斯完全不同。當我們假定某種眞摯的氣氛（這所謂眞摯是指和此時此刻的自己相一致時，這個問題便會出現。紀德一型的作家對於這種眞摯（sincerity）無疑地會熱烈支持。

　　在《是與有》（*Being and Having*）❸ 一書中我參引了一個非常簡單的例子。這是關於當時在醫院中看到一身罹絕症、纏綿病榻的病人時所給予他的允諾。正如我所常行的，我用個人的方式表達出來：當我看到那病人時，我便被同情所掌握了；當我發現我的探訪所給他帶來的意外喜悅時，我爲之感動，於是我答應常去看他。這允諾是建基於我的某種性向之上的。幾天過去以後，我發現雖然那病人的病況毫無改進，但我的性向已非昔比；我爲此感到懊惱。與他在一起時，我曾感到一種眞摯而直接的同情，如今這同情卻已爲一種奇怪的疏遠感所取代。現時我只是抽象地想着他。由於我曾經允諾，我只好回去探訪他，可是如今這次探訪只有累人的一面。而我問自己：當我作此允諾時，我似乎認定我的內在態度會保持不變。可是我現在已看出我對自己是多不了解，我有何權利對於將來作出這種草案呢？也許我在擔承這次承諾時必須這樣告訴自己：縱使數日以後我不再經驗到現時主宰着我的允諾的感覺，我仍可表現得如有同樣的感覺一般。因爲，無論如何，我到底沒有權利讓

---

❸ p. 47f.

這個不幸者因我的感覺之不可預測的波動而受苦。 那麼， 在這種情況下，我是否要命令自己去表演一場鬧劇，假裝自己感覺着一種我已不再感覺的感覺？附帶可以說，我在這裏所談的是心情被動的主題，普魯斯特（proust）曾精采地描寫這個。

我舉出的那個例子極其平凡。而且，有些人會再三向我保證： 雖然我離家去探訪那病人時並非全心全意，甚至會將這次探訪視為一種日常瑣事，但當我到達那病人之所在時，我那種原先的同情心極可能會再度降臨。

可是這些事件重演於那遠為嚴重的婚姻允諾之情況中不已是非常清楚的嗎？在一得意洋洋的時刻，當然是在許多不能客觀指清的事實影響下（例如： 時間、環境、地形等等）， 一青年男士突然向一個他從未想過要與她結婚的年青淑女求婚。他的求婚被接納了，於是他便被他的允諾所束縛。在此處必須注意的， 就是引起求婚及繼起關係的模糊不清的情形甚少被慮及，而在當事者之間更不容易會提及。那麼我們怎能夢想使那允諾之有效性繫於那些或多或少具有決定作用的環境（那允諾乃在這些環境中作出的） 的持久性之上呢？ 這一切的發生（允諾的決定），彷彿與這些環境毫無關係一般。此外， 在此處我們甚至不當談及判斷，因為這將需要把那些環境像貨物清單一般詳述出來，而這是不可思議的事。事實上所產生的乃是一項決定： 無論這些環境是甚麼，我將加以忽視。極可能在大部份的情況下這決定本身並非一個自覺的命令； 我們不如說一切事情的發生，就如這允諾乃無條件地有其束縛力一般。當事者雙方並不需要向對方說出已經下定了如此一個自願的命令。我似乎可以肯定，在這種處境之中，這種分析（一個站在第三者立場的旁觀者將會認為進行這種分析是明智的）並不會出現，或者如果出現了，也只會在遲些及太遲的時候才會出現。一切事情的發生，就如上述得意洋洋的時

刻像一不可解開的絕對者一般堅持着自己，對其永恆性充滿着信心。

　　將我對前一例子所說的有關此例的一切而加以重覆似乎是多餘的。可是明顯地，求婚的問題是遠比答允去探訪那病者更嚴重，而且由於婚姻的承諾是雙方面的，所以更是遠爲複雜。

　　可是如何避免從這一切推論出：無條件之承諾——在這承諾中那有關各方多少有些不敢正視那確切（儘管是在暗中）影響此承諾的環境，以爲對他們的決定毫不相干——乃本質上不誠的行爲，或甚至是由一種無法承認經驗之事實結構的浪漫主義所生起的行爲。

　　貫徹着這種批評判斷或理解之思想路線，一個人會易於堅持說：只有有限期的允諾才符合一個被認爲誠實的心靈之要求；這些允諾固然可以更新，但只有透過共同的同意方可。當然無法弄清楚的因素仍然屬入這種承諾之中，但其爲害將不會太大，因爲多少可以比作安全活門的逃脫之可能性一開始便安排好了。我們固然可以承認這只是一個折衷，但其危害一定較少，因爲拒絕考慮所有的承諾，將會使人間關係成爲純粹的無政府狀態。

　　雖然如此，我彷彿感到在我們心中有某些東西以一種不太清晰的方式抗議這種對於無條件承諾之極端的剔除。我們應否說我們在此處只是面對一件過時的事物？可否說無條件允諾的神聖性應該被認爲過時？

　　但是這裏我們正遭遇着一種在今天日漸流行的主張，而對這種主張，我們發現有將它付予嚴格查驗的必要。它在於判定一種無條件的生活或信仰對於當代人已不再必要。甚至有些神學家亦爲這種怪異的歷史主義所污染；我特別想到作爲布特曼（Bultmann）之思想基礎之理性主義。他竟然說：「今日沒有一個人會再相信奇蹟。」

　　那些表示這種思想的人當然知道，事實上有一些人，也許爲數不少，並不認爲他們的信仰與現代人的要求之間並無不可並存性。要解釋

這件事實，他們會說：這種過時的思想不過是一些化石，作這項想法的人不知道自己乃屬於一個已被較後的沉澱物所掩蓋的歷史遺跡。

從我這一方面，我認爲我們應該揭露出這類主張之錯誤。事實上，我們應該極度小心地量察，「過時」一字在何種範圍內可以適當地應用。在科學範圍中，過時的似乎就是已被明確地駁斥或替代的某些學說或假設。我所以說「似乎」，乃因爲極可能一個曾一時被認爲絕對而永遠地過時的觀念會以一種革新的形式重現。撇開這種保留，原則上我們仍可接受這一事實：即在實證科學中，尤其在技術科學中，我們是面對着眞正的不可逆轉性。

縱使在一種極端不同的意義下，我們對於習慣、風俗與制度也會傾向於作同樣的肯定。然而如果我們將歷史也列入考慮，則會發覺必須作更清楚的區別。我們往往會大膽說：「今日這已不再可能，⋯」；但革命事件會否定這種說法。我們只要回想一下某些所謂「人民民主」國家如捷克斯拉夫中所發生的情況就會知道我並非無的放矢。

然而在自由至高無上地統轄的範圍——愛情與信仰的領域——這卻是例外的（編訂者按：意思是在這個範圍「過時」二字不能應用）。其原因我們將會看得越來越清楚。在此處混淆一切的就是那些像愛情與信仰等語辭在日常使用中常被貶值。這乃是一個令人痛心的弔詭（agonizing paradox）：這種貶值（devaluation）——我甚至稱之爲降格（degradation）——最普遍應用於那些指謂最高實在的語辭之上。

從我以上所說的，我們有充分理由以極端不信任的眼光來觀看那些敢於主張例如神聖（sacred）一詞應予取消的輕狂者。

在這一點上應該導入一基本的區分：我們很容易看出，在環繞我們的世界之中，神聖一詞遭到毀滅的過程已經完成而且日益加速。我們也很容易想像在某處能夠建立一種事物之情況，足以使神聖一詞不再爲任

何人所了解。然而從反省的立場加以判斷，神聖一詞的意義事實上遭到
湮滅，並未表示它在法理上也無從立足。種種跡象顯示，這種極端的褻
瀆違反那銘刻於人心深處的需要。最後我將回到這個問題上；它是今日
世界中極為尖銳的一個問題。除非至少提及這個問題，否則我便無法討
論無條件的承諾。

　　此外尚須加以說明的，就是愛情一詞之最完整及最具體的意義，亦
即一存有者對另一存有者的愛情，似乎以無條件為其條件：「無論發生
了甚麼，我將繼續愛你」。這與那種有條件的承諾恰恰相反。後者似乎
在有限制的情況下假定了事實上（即使非法理上）的穩定性。我們必須
說，愛情除了需要接受冒險外，且在某些情形下要求冒險。愛情似乎在
向人挑戰，因為它必將以勝利者的姿態出現。

　　當我回到那些一九三二年的筆記時（這些筆記乃為《是與有》與
《沉思》二書而準備的），我發現在當時我並不如此強調冒險。我最基
本的關切可以用一條簡單的陳述表達出來。這條簡單的陳述將是下一章
的起點，它就是：「將存有的份量重新帶給人類經驗之必要」(the ne-
cessity of restoring to human experience its ontological
weight)。我認為在這簡短而尚待說明的語辭中，我以後的探究之計劃
已完全表明了。（岑溢成譯）

五、存有的奧秘

　　對於某些讀者，上一章之結尾會顯得雜亂無章；這是我無法忽視的。而這種情況之所以發生，乃因我在那處採用了一種過於模糊的方式，致使有關人際關係及其可能的評價之探討，與嚴格的形上研究夾纏在一起。在上一章之結尾，我作了一條這樣的陳述：『將「存有的份量」重新帶給人類經驗之必要』。這條陳述是非常模糊不清的；所以我不得不對之作一番不可缺少的澄清。

　　這條陳述表明了一種非常特殊的「洞識」(insight)。我說的乃是「洞識」，並非「直觀」(intuition)；因為哲學家——尤其現代的哲學家在使用後者時所賦予它的意義是非常分歧的，有時候甚至給他一個拙劣的定義，令我們在使用時免不了語意含混。事實上我認為那希臘字 syneidesis（綜觀）是最適當的。從這個字的字源看來，我們可以知道它是一種將事物連結起來的視力；正因為這個緣故，它意味着首先獲得發展的視力。同時我以為這種 syneidesis（綜觀）一定會接着鼓舞我們去從事一件以審察它的意義或價值為首務的思想工作。假如我以一種客觀的態度來考慮「人類經驗之存有的份量」(the ontological weight of human experience) 這幾個字，則它們的意義的確並不明顯，而且我還可以想像某些讀者會認為它們是文義不通的。

　　要澄清這條陳述，最適當的莫過於先看看一般人如何分辨有沒有份

量。可是我們這裏所討論的顯然無法量化，我們是在討論一種只能理解，不能測量的性質。讓我們嘗試去做得更精確，而且記住一個人所說的話往往包藏着一個提示；這提示是在一個固定的脈絡中與一個或許能把我的行爲導至某一方向的脈絡中舖陳出來的。說一個提示是有份量的就近乎指出它是鄭重地思想出來的。它與一個輕率地、衝動地提出的提示恰成一直接的對比。後者並不提供任何保證。而一種主張的份量與保證間則有一固定的關聯。假如這提示對我有份量的話，那是因爲它是一個我有理由信任的人所提出的。我們甚至可以補充說：這份量並不能與某一極能引發動機的實體（我甚至可稱之爲密度）相分離。而這實體正是一個說話毫無韻律和道理的人所完全缺乏的。

像使用一種光學工具一般，這些導論式的解釋至少有使某些事物集中於焦點，使我們得以詳察的價值。

然而「存有的份量」是甚麼意思呢？在一差不多同期的隨筆中，我談及一種「存有的賭注」（ontological stake）。可是我並沒有採取海德格（Heidegger）對「存有的」（ontic）與「存有學的」（ontological）兩者所作的區別。存有的份量意指「存有」（Being）的或關於「存有」的份量。但我們必須立刻補充：如果我們將任何可以比作一「對象」的事物收入「存有」這個字的意思中，則這一切將變成絕對不可理解。英國語文並不能描繪出「存有」（Sein）與「存有者」（Seindes）的區別；而這種區別至少能翻譯成法文。可是在這些辭句裏意指「存有的份量或賭注」的「存有」（Being）必須被視爲一個動詞，而「非」一個名詞；這點是我必須加以註明的。當我回顧所有那些寫於一九三二年的原稿時，我總是覺得在這一點上面我往往說得不夠明白。例如，在我寫於一九三三年的《沈思》（Meditation）之中（所有這些隨筆都是此書的前驅），我就說：「存有」就是那抵抗或將會抵抗歸原性

分析（reductive analysis）的東西；它只對經驗的直接呈現（immediate data）有關。這樣一條陳述帶來了一種危險；它似乎將「存有」解釋爲「殘餘」(residual)。其中的困難的由來，正是柏格森(Bergson) 所再三強調的事實；人類的語言似乎的確是依照事物而塑造成的。

假如我們把那陳述所肯定的不可歸原性（irreducibility)視爲一種批判的分析（critical analysis）所無法把持的經驗，那麼我們將會較近於眞理。不過這陳述仍然是不圓滿的。將「存有」同化於經驗的一種形式，就會陷入心理學與心理主義的窠臼。我們可以說人乃是一種「在其間」(in-between)，在「存有」與「非存有」(Being and Non-Being) 之間；我們乃是被遣使而存有的，換言之，存有是我們的責任(it is our responsibility to be)。從一個極爲近似菲耐隆(Fénelon)的觀點看來，這樣說並不會是錯誤的。這樣會顯示出我們所企望的圓滿。可是此處的言語仍然使人困惑。它會使我們以爲「存有」是一種理想（ideal)。其實在「存有」和理想之間有一種極端的對立。於此我們可以回到前面某一章有關「分享」(participation) 的論述。正如我所解釋的，就算一個像路易士・拉韋爾（Louis Lavell）這樣的思想家也系統地使用「分享」這個字，我們還須寄以注意，因爲他的分享似意味着全體與部份的分別。實則我所說的圓滿（plenitude）是絕不能視爲一種可以分割的整體。

另一方面，參照着類似一個演奏複音樂章的樂團的具體整體性(concrete totality)，我們可以促使思想在可能範圍內邁向「存有」的瞭解。縱然每一個演奏者都在合奏中奏出自己的部份，但我們並不能將這種合奏視如一些並列元素的數學總和。這種看法是荒謬的。因爲如此則我們將會完全誤解音樂合奏的眞面目。一個演奏者在開始時只知他自

己所負責的那部份，但只要他曾獨自用力於這部份，他便會慢慢地知覺到整個合奏。在這過程中的思想歷程是很易想像得到的。而那演奏者對自己負責的那部份的詮釋，亦可能因此而有所轉化。這種具體的整體（卽複音樂章的演奏）是不能與一種理想相比擬。從作曲者的觀點看來，每一部份只能作爲整體的一種功用。正如許多哲學家——尤其是康德——對生物的看法一般，整體是先於部份的。

在這裏我們有一個至少對某一點有所啓廸的比喻。可是我們必須承認我們並不能由此斷言每一個人之經驗皆可比作一篇交響樂曲中的一部份。交響樂曲必須有一個構想出樂曲的作曲者，又必須有個能夠將作曲者的思想表達出來的樂團指揮。但我覺得如果只根據那帶着漏洞和缺點的個人經驗，便宣稱我應該回歸那控制這些經驗的無所不包的思想之存在，則將會再度陷入批判時代以前的獨斷主義。然而，先入爲主地否認這樣一種思想的存在也同樣缺乏根據。換言之，自從我開始獨立思考，我從未停止對那些獨斷地採取與絕對唯心論相反立場的哲學提出抗議，就如我對絕對唯心論（最好以英國的新黑格爾學派爲例）之抗議一樣的多。於此我是指這世紀初葉的一些多元論者。

但是除非我們堅執這些多元論學說，我們便會慢慢地知覺到，任何人類經驗都會發生一種內在轉化（internal transformation），頗近似於上述演奏者所經歷的轉化。而更重要的，乃是就在這今天，我們每人都可能會遇到一個在途中顯得遙遙領先，走在我們前面的人；我們只看到此途的開始，就如在霧中一般。換言之，此人以一種證人的身份呈現於我。他的出現證明了一種存有方式；而我正在摸索及試圖將所有接近我的人帶往這存有方式。然而這證明了些甚麼呢？那揭露於我的就是：這個「別人」含存某種生命於其自身之內；而他將此生命像光芒一般放射出來。自我從這證明有所獲益的那一刻開始，我便企望成爲這

「別人」的「共同證人」（co-witness）。這日益增長的動態生命之特質將會在下面的論述中顯得更清晰。但為了避免一種可比作（思想不能生活於其中！）稀薄氣層的不確定性（indeterminacy），我們目前只能說此生命是不能與愛分離的。

如果回到我們致力說明的那條原先的陳述，我們可以說（縱使這只是嘗試性的近似說法）：所謂的「人類經驗之存有的份量」就是這經驗所能給與的愛。

但在此處我們又得提防墮入一味作心理描述的誘惑。而在這裏引用問題（problem）與奧秘（mystery）間之區別是必要的。在一九三二年的多天，這種區別忽然似乎強迫性地進入我的心坎。我雖然無法將那帶引我到達這種區別的思想歷程完整地重建起來；然而這種區別是在洞識（insight）的一閃中──一種綜觀(syneidesis)之中啓示於我的。那次我在巴黎散步，這種洞識忽而降臨於我。可惜這種區別卻不幸地被那些通俗化作家們（popularizers）和他們的書籍所濫用，以致變成一種哲學中的陳詞濫調，因而喪失它原有的、富挑戰性的特性。我相信我必須在這裏從《是與有》（Being and Having）❶中引述幾行記錄這種洞識的文字：

十月二十二日

存有的奧秘之地位：具體的進途

這是交給馬賽哲學會（Marseilles Philosophical Society）的論文之初擬標題。前數日中，與「存有的問題」（problem of being, ontological problem)相對立之「存有的奧秘」(mystery

---

❶　*Being and Having*, p.100.

of being, ontological mystery) 這一片語突然降臨於我。它啓廸了我。

存有思想是一種對奧秘的反省。

奧秘的基本成份在於它先被認可；形上反省預設這種認可；這認可是在它的範圍之外的。

我們且區別「奧秘的」(Mysterious) 與「問題的」(Problematic)。 一個問題就是那每當我們遇到它它便阻擋我們通路的事物，它完全位於我身前。另一方面，一個奧秘却是那將我困在其內的事物。因此它的本質並不完全位於我身前。在它範域中「在我之內」(in me) 與「在我之前」(before me) 之間的區別似乎失去了它的意義。

我將就此結束這段引文。但我並不是沒有注意到馬里旦(Maritain)已經知道有一種存有層次的知識之奧秘；稍後我將提及此事。《知識之反省》(Réflexions sur l'intelligence)❷一書對這種觀點有明確的說明。 這本書乃是這位多瑪斯派哲學家唯一 能給我一個 深刻印象的作品。事實上我可能是透過此書的帶引而做成我在此處討論的基本區別。正如在另一情況之中（我特別想到謝林對積極和消極哲學的區別），思想的進步很可能由一錯誤概念所促進。我對「知識之奧秘」這名詞的了解很可能與馬里旦之思想大有不同之處。一個在凡爾賽 (Versailles)度過的多天裏，我和馬里旦曾經在我們一位共同的朋友查理・杜・波斯家中不斷碰面。馬里旦試圖授與我們一些多瑪斯思想的觀點。然而事實

---

❷ Jacques Maritain, *Réflexions sur l'intelligence et sur sa vie propre* (Paris: Desclée, de Brouwer, 1931)

上我和查理・杜・波斯都沒有轉變而接受這種思想。

　　對於「奧秘」一詞，我找不到任何滿意的同義詞。其實我不能肯定這名詞是否有助於維持一些令人遺憾的混淆。縱然「奧秘」已經可以脫離神學意義，這名詞仍是不易從某些它應該完全斷絕的聯想中分離出來。例如一個偵探小說家在將一本書名為《黃色房間之奧秘》(*The Mystery of the Yellow Room*) 時，他就暗地告訴我們他將逐步使一些在故事開端顯得隱晦混雜的事情明朗起來。在故事的開端，作者便運用他的技巧，盡量使這種隱晦性成為無法被人看透。在這個謎的鎖鑰出現以前，奧秘便繼續存在。當我們開始閱讀這本小說時，我們便可預先地肯定解答是一定存在的，而這解答將會在故事的結尾披露。這就是此類文學類型的結構。

　　然而當我們談及「存有之奧秘」時，我們應立刻發覺，這裏所云的是一種極端不同的奧秘。假如我們從一種「不可知論」（這曾於十九世紀時風行一時，而今日看去已有些過時）的觀點看去，我們也許會談及一個無法解答的問題——那就是一個不容許有答案的問題。我認為今日的哲學家皆極願承認，如果將所有的事物皆加以考慮，而一問題仍舊是不容許有一答案，則這問題一定是問得很壞（我當然也知道這點是可以爭論的）。可是我可以肯定在《是與有》一書及其後所有的作品中，「奧秘」一詞是用作一種異常不同的意義。這詞應用於那些不能想成問題或與問題化相悖的事物。約十年以前，我在《形上日記》(*Metaphysical Journal*) 建立「不能用間接方法達到的直接」❸ (non-mediatizable immediate)，以針對日常的普通的直接；後者可以產生無定量的間接作用，前者則否。而我們在此處論及奧秘時，必須與那「不能用間接方

---

❸　Page 248.

法達到的直接」聯結起來。我們最須強調的，乃是此處喚起的奧秘，必須從光明的方向，而不能從晦暗的方向尋找。對於心靈，晦暗其實就是說明的初步。反過來說，除非有一種比較晦暗的基料，也就無法說明它光照它。反省之下，那些知識論所研究的複雜思想，顯現爲對於那些以往的苦心思考所產生的基料作觀念上的進一步探討。

　　然而反省顯示，我們的經驗是無法歸原到上述公式，而我們的經驗也極不適宜於無限制的發出問題（problematizing）。我們可以進一步說，所有問題之得以提出，是基於一項無法提出問題的基礎上。我經常強調知識之視覺表象（Optical representation）的限制。在≪聯邦≫（*Commonweal*）雜誌中有一篇討論我的思想風格的好文章。在這篇文章內，西摩亞·開因先生（Mr. Seymour Cain）的看法很正確：我並非在尋找一個結構清楚分明的世界的旁觀者；而是傾聽着那些包含着存有之交響樂的音響和聲訴——分析到最後，這存有之交響樂對於我乃是一種在影像、字詞和概念以外的超理智的統一體（supra-rational unity）❹。他所說的極其精確。撇開音樂在我生命中所擔當的基要地位，我們必須記取，我的思想主要是從感受（feeling）及從對感受及其內涵的反省開始的。此外，我們必須將我在前面，尤其是「什麼是存在」一章內所曾論及的全部回憶起來：卽我們是無法滿足於一種對心靈和肉體的關係的二元解釋。

　　也許爲了整理這堆只有在整全的狀況下才能理解的思想亂絲，我們最好將注意集中於文字簡單而義蘊無窮的幾個字：「我的生命」，特別是它所預設的基本處境（fundamental situation）。於此我應順便提出：在一個對我具決定性的一刻，我研讀了雅斯培（Jaspers）之「哲學系

❹　一九六〇年十二月九日那一份。

統」(System of Philosophy) ❺。雖然我對處境的這種觀念早在十年以前便極為注意,可是這些研讀卻大大幫助我認識這觀念的基本重要性。這種我的或者將我塑成我自己的基本處境有一種特別的性質: 它只能在某一限度內被勘察。 此外, 我發現我越是近於自己生命的結束,我就越發關心那些先我而逝的人, 關心那些在我降臨這世界時伴隨而來的環境, 以及關心那種我似乎不可或缺而又無法在此生獲得的澄清。可是我卻同時知覺到, 當那些能夠對我有啓發的個人仍然活着的時候, 我心中大概尚未有對他們加以查詢的觀念; 因為一種無法克服的羞怯將會大力抑制我。其次我目前最想知道有關他們的事物, 也許當時是不能討論或說明的。這些情況無疑只為那些個人本身所把握。而這些個人本身的思想, 或說得更正確一點, 他們的存在, 正是我今天枉費心力去查詢的。

這裏有一個弔詭 (paradox)。到目前為止, 我們尚不曾足夠地強調它。我總覺得它與我們的環境中最可悲的事物連結在一塊; 而在我們的環境中最可悲的, 莫過於當我們踏入存在的最後階段時那縈廻耳際的「太遲了」("too late")。只有這時候我們自己才會覺得與那些先我們而去的人共在同一層面上; 並且對他們產生一種兄弟般的敬佩。只有這時我們才能了解他們, 而且會深切悔恨我們與他們同在時對他們缺乏了解, 並悔恨我們那些由他們所導致的錯誤和可悲的事。在相同的思想脈絡中, 我那本《密使》(L' Emissaire) 中的一個角色 (這是最接近我自己的一個) 在劇末這樣表明自己的心境:

「自從我雙親逝世以後, 我發現了一件事: 我們殘存者事實上與其說生活「在後」(after), 不如說生活「在下」(under)。那些我們從不間斷地愛着的人, 變成了一種恍如隱形的活拱門的東西,

---

❺ *Philosophie von Karl Jaspers* (Berlin: Springer, 1932)

但我們還可以感覺到，甚至接觸到他們。縱使我們的精力衰減，憑藉他們的力量，我們仍能支持到一切事物皆被網羅於愛的那一刻。」❻

安東尼・索格(Antoine Sorgue)這些話極接近我成長後思想所集中的那種基本信念。這原稿從一九四八年開始發表，所以在年份上是遠晚於那些我現在試圖將其具體意義過濾出來的別的那些文章。可是這一信念是直接關聯於我對「家族之奧秘」(The Mystery of the Family)❼的思考。這些思考是我在第二次世界大戰期間發表的。而它們又反而以一種具體的方式將我在一九三二年對「存有的奧秘」❽所作的預期肯定加以說明。這些對「家族之奧秘」所作的思考後來收進《旅途的人》(Homo Viator)一書裏。這一整章所專注的思想本身是很難理解的；於是我從這些思考中引出以下一段文字，希望能夠使這些思想變得較易理解。

　　我的家族只是那個光亮而有限的地域。我知道在它的背後無限地伸展着的一些我只能在理論上追隨得及的枝椏；因為事實上有一重無法穿透的漆黑包封着我這「上游地帶」(upstream region)，使我無法作任何更深遠的勘察。我能夠保持足夠的識別能力，以循着這條通貫我的經歷之主幹，看着它成形，而且看着它在一不定的網狀組織中向後伸延到我的生命之外。這種不定的網狀組織之界限很可能與人類本身之界限相同。我的家系乃是歷史的歷程的連續。通過這些歷程，人類在我身上成為個體存在。從這種增長着的，令

---

❻　*Vers un autre royaume,* p. 109.

❼　*Recherche de la famille:* essai sur "l'etre familial" by G. Marcel et al

❽　*Sce Philosophy of Existence.*

人難忘的不定(indetermination)中，我獲悉那些展延於我與我那無法想像的根源間之不知名的人們，並不是我的「原因」(cause)，而我亦非他們的「結果」(effect) 或「產品」(product)。我和我的祖宗之間有一種遠為模糊和親切的關係。我和他們無形地互相分享，他們和我是同一實體。

　　過去和未來事物之間難拆難分的結合，就可以算是家族奧秘的定義──只要我存在，我便被牽連在這種奧秘之內。我的處境就是如此：我祇能分辨最初痕跡的結構，祇能設出一種游移於親切和形上之間的感覺，以及一個當採取或當拒絕的誓言，這誓言把我和那玄妙地引發我個人存在的模糊慾望聯在一起。我就在這一處境之中──一個沈淪於譁亂之中的東西；我便是如此被導入這個無法看透的世界。❾

可是人們一定會提出一個問題：任何環繞和先於我們當前的「在世存有」(being-in-the-world) 之事物皆有一種不可看透的隱晦；我到底有沒有強調這種隱晦呢？然而，我有沒有說過奧秘是位於光明的一方？這其間有否矛盾？也許我應該在這時候騙清一種嚴重的含混：我所指的光明，與像笛卡兒所想的簡單觀念所具有的清晰並無任何關係。這該是一個關於「照明來源」(illuminating source) 的問題。正因這種來源正在照明，故此它是不能變作觀念，換言之，它是不能以觀念去思考的。在這裏「來源」是相同的。可是假如不插入那種我在一九三三年所寫的「沈思」中所稱為「凝思」(recollection) 的基本行為，那麼這一切都會真的變成不可知了。「凝思」意指靜默的反省或思想的專

───────────

❾ *Homo Viator*, trans. E Craufurd (London: Gollancz, 1951), p.71.

注。那時候我發覺這種極少爲哲學家注意的「凝思」使我回復成統一的整體（我把這種回復或重歸看作一種鬆弛或解脫）。我這樣寫着：「在凝思的深度中，我對自己的生命採取了立場，以某種方式我甚至是從生命退縮；但我絕對沒有將這生命看成一純粹的認識主體。因爲在這種退縮之中，我帶着我所是的（what I am），以及我的生命也許所不是的（what my life perhaps is not）……凝思大概是靈魂中最不顯著的。凝思不在於觀看什麼事物；它是一種重歸，一種內在的反省。它還是本身無法表象的統一始元；這更是使記憶成爲可能的始元。 **❿**

我們且回到前面所說的照明的來源，我將加以補充：在一切表白和概念作用之外，這種照明來源包含於個人自身之再度浸入這原始來源之中。然而這種行爲明顯地不容許問題化（problematizing），而是精神完全向另一方向的進展，正因爲它是一種鬆弛和解脫。必須記住這兩種思想方式彼此對立，才會使問題和奧秘之間的區別成爲有意義。此外，凝思和它所發出的一切皆是超技術的（meta-technical），並且隱含着一種與所有技巧（savoir-faire）正相對立的消損。

這正是那種我們用以拋棄自己一切力量的行動。而這種拋棄行動似乎會引生某種無法像實驗結果一般可以預期的反應。在這裏我們必須分開兩種極端不同的預期（anticipation）。一種是被現象間的客觀關係之存在所統馭的，另一種的產生，則由於那種我們對於存有或可被存有所吸收之實在的信賴。第二種預期發生了我人可稱爲自由的東西。

馬勒布郎雪（Malebranche）就曾說過：「自由是一種奧秘」。我覺得我能夠以一個絕不同於十七世紀這位形上學家所賦予此語的意義，使之起死回生。我們必須承認，像某些現代物理學家試圖將自由建立在那

---

❿ *Philosophy of Existence*, p. 12.

種相對地未決定的層次（relatively indeterminate level）上一般，將自由放進屬於科學領域的現象之中是毫無用處的。透過主體對自身的反省才是瞭解自由的唯一途徑。更正確說一句，這一反省不允許我發現自己是自由的，或者自由是我的屬性，而祇允許我發現我必須成為自由，也就是說我必須爭取我的自由。我在不同時期形成的二種語句其實彼此有密切的關聯：「我不是，我必須變成」；「我並非自由，我必須成為自由」。

　　現在我們必須將那些一直都是散亂地提出的重點連結起來。由於所有精神性的存在共有的那種無法否認的經驗，我們必須說出：那種重建與來源之接觸的凝思，發出了一種照明。這種照明是絕不可與理解力所發出的次等的清晰相混淆。另一方面，根據以上所述，將那照明來源本身或它所放射的光視為「存有」（Being）是相當不智的。根據上述經驗所供給的事實基料（這些基料並非技術性的），我們可以認清凝思所賜予我們的一些資源，使我們在自身之內進行朝向完美或充沛的生命之勘察。所以能如此的原因，是因為凝思使我們免除了各種精神渙散，使我們不致與真己疏遠，不到從那種既在我們之前、亦在我們之後的統一中轉向而出。

　　這一切所組成的圖式仍太簡單，不足以用來解釋我在此處試圖勘察的事實。在開始時，一個問題便不期然浮現心上。那種我名為「來源」的事物，與這種我自身的「上游地域」——我在《旅途的人》特別標明的那種無法勘察的特性之間，到底有着甚麼關係？這個問題的答覆（以往我對這點恐怕沒有足夠的說明）非常困難。我們固然要承認，理論上將我們的世系表畫出來是很可能的，只有偶然的阻力妨礙我們做這種工作。然而我們亦須知道，縱使我們能憑藉固定導標來進行工作，這樣一種作業將會是毫無意義的。本章前面一個貌似離題的敍述在此處顯出了

它的真意。可是縱然我將自己限於記憶那些我認識或聽說過的前人，那種將我與他們連接起來的聯繫似乎是不易識別的。一方面他們不曾知道我是怎樣或者我將成為怎樣；另一方面，由於一種無可避免的命運，我自己對他們一定大有誤解或誤評的地方。已達到高齡的我不能不略帶悔恨的悲傷宣說：在我們的存在之中，我們每一個人都停留在一種近乎完全的「無知」（un-knowledge）的狀態。可是稍後再論及此事時我將有一種新的看法；這種看法正是我現在要說的：希望（沒有了它生命已徒有其名）要求這各方面的挫折皆非終極的；我們將再度找到自己，並且在那就是「存有」（Being）的「完美」（Pleroma）中將我們自己聚集在一起。然而，命運又使我們必須同時聲明這種完美尚未存在；它是屬於永恒的。可是我敢說返歸源流及凝思，在某一方面是對神之重臨（Advent）的預期。這一重臨無法用想像力去摹擬，我們在一片完全隱晦之中摸索通向祂的道路。

我之所以能談論精神的路程，那是因為我們必須在這世界上行路，而這世界有它自己的規格；因此沒有一大堆漸漸客觀實現的資料（這些資料又引發無數需要我們解答的問題），則精神的進途將是無法想像的。在以後的數章中，我將會把主要的重點放在廣義的實踐問題上。到目前為止，我們可以看到，除非我們以一個反方向的動作（inverse move-ment）來重新和支撐我們的那種「氣氛」接觸，我們便有迷失自己於這些經驗資料和問題之中的危險。以哲學家身份來進行這項工作時，我們也沒有權利應用神學家那些更精確的概念來替代這些及其一般性的辭句。

這些從我們所是（what we are）以及我們所藉以生活（what it is ours to live）的困難的反省，我不曾夢想到將它們就以此方式表顯於我們的劇作中。另一方面，這些劇作在某些方面無疑是這些反省所激

起。在《破碎的世界》（*Le Monde Cassé*）中這尤其顯而易見。所以《破碎的世界》一劇會與那本我經常提及的《沈思》一同在一九三三年出版是不無道理的。

這劇本的起源對於它的深意無關重要，甚至毫無關係。我以前認識一個嬌媚動人的少婦；她嫁給了一個平庸的丈夫。他不受人注目，但平靜而魯鈍。我的思想首先指向的，正是他的問題。眼看自己的妻子備受那些完全不把自己放在眼中的男士們的奉承和仰慕，他會有些怎樣的感受呢？我們能否認爲，他那受傷的自尊所帶給他的，遠過於他的愛情所帶給他的痛苦呢？那少婦發現了她丈夫在忍受一種隱藏着的創傷；她努力幫助他，希望能帶給他一些慰藉。因此她意圖使她丈夫相信，她被一個拒絕接受她愛情的男人所羞辱。於是在一種錯誤的慈悲的誘使下，她編造了這個被拒的故事。她的丈夫一經相信她曾被羞辱，他便和她接近，且向她表示了一種引起了她厭惡的憐憫。結果這種厭惡竟使她首次成爲不貞。她答允了一個她從未正眼相視的青年之要求。

這一切皆屬於一個似乎失去了它內在的統一和生活中心（living centre）的世界——一個人們只知關心自己的破碎的世界。然而這世界並不是唯一的世界。那女主角克里絲蒂安（Christiane）之所以與那個愛她而非她所愛的羅蘭特（Laurent）結婚，其實是一極端失望所引生的結果。她本來愛上了一個名叫傑克（Jacques）的青梅竹馬的朋友。可是當她要向他示愛時，他告訴她一個令她沮喪不已的消息；他已決定去修道。對她而言，生命失去了一切意義。於是在沒有其他企望的情況下，她答允嫁給那個深愛着她的羅蘭特，認爲這樣可以帶給羅蘭特一點快樂。但婚後的生活證明了她的做法完全是一種錯誤甚至罪惡。如今她感到異常苦惱。她開始考慮到底要不要離開她的丈夫，而跟那個她對之無法認眞的愛人生活在一塊。就在此時，另一個世界——那並沒有破碎

的世界揭示在她眼前。這個新的刺激增加了她的混淆。她獲悉那似乎會使她幸福的傑克死於修道院內。

傑克有一個姊姊； 克里斯蒂安以前認識她， 但對她並無特殊的感情。她在此時卻跑來告訴克里絲蒂安，她發現了傑克在密室中所寫下的秘密筆記。從這些筆記看來，傑克曾做了一個夢；受了夢的影響，他似乎太晚才知道克里絲蒂安對他的愛意，而且知道了他選擇修道生活對她所引起的創傷。自此他總覺得自己應對她負責任；所以不斷地祈禱，希望她不會像她一個屬於那破碎的世界的朋友最近所為，踏上自殺之途。這個消息使克里斯蒂安震驚。她最初竭力反抗；可是漸漸地恍惚有一線光芒透入了她的靈魂：於是在那個無形的世界裏，有一種她從未懷疑的共融（communion）存在着。當她發現自己奇妙地分享着這個本屬傑克的另一世界時，她立刻對自己的生活採取立場，並對它加以責難。而同時她亦無法繼續生活在那個她以不忠來禁錮自己的謊言之中。她覺得一定要將真相告訴她的丈夫，以圖將那瀕臨斷絕的神聖聯繫更新或拉緊。當羅蘭特知道這些事情時，他幾乎昏倒。他甚至開始反抗，可是立刻便被克里絲蒂安的真誠所感動。於是像《四重奏》（*Le Quatuor*）一劇終結時的羅哲（Roger）與克蕾（Clare）一樣，至少在一個短暫的瞬間，他們兩人感到自己是一體。全劇便以這一瞬間的感受作為終結。當然，沒有任何東西能保證這種一致將會維持下去。可是最低限度在他們生命的頂點上，他們已完成真正的合一；他們將會把自己從那破碎的世界釋放出來。

這劇本的整個結尾曾引起了反對和爭論。有些批評者甚至認為編排過當，不甚自然。然而我總覺得在原則上我有權利這樣結束此劇。因為經驗曾無可置疑的顯示，隨着某種邂逅，一線光明將會在一個靈魂之中昇起，而這靈魂同時又會轉而放射光芒。事實上，我曾遇到一個屬天主教本篤會的匈牙利人，他就知道一件極為相似的事。

　　很自然地人們會反對說: 情節的合情合理（plausibility）才是最重要的; 而事實上這正是《破碎的世界》一劇所欠缺的。然而對這麼一種反對，我一定會這樣回答: 在這個世界裏，這種破碎（break）並不是根本的。我們之向自己問及「存有」（Being），以至將自己放入存有之奧秘的臨在之中，便足以證明這一點。當然，想以某種方式應用超自然因素來解決當代人所面臨的悲劇性問題，將是不可寬宥的錯誤。在以後數章之中，我將會表明在我的作品之中，《破碎的世界》一劇的收場毋寧說是一個例外，而很多次最後的重點是用一種詢問的方式表達出來的。我之所以要把最後的重點用一種詢問的方式表出，正是爲在我們的存在結構之內，便含有一種「曖昧因素」(the principle of ambi-guity)。然而在這個領域裏，有一種將自己變成公式的囚徒（prisoner of a formular）的危險。我持久地努力使自己不囿於任何公式，因爲人的經驗本來就非常複雜，我們的整個存在充滿着光與影間之不斷的交互作用。（岑溢成譯）

六、人性尊嚴

在此書內，我着手於描述自己的精神旅程 (Spiritual Journey)。如果對此精神旅程作一全面考察是可能的，那麼，我目前會認為一九三六是我生命中有決定性轉變的一年。一九三六年五月，一個所謂「人民陣線」(Popular Front) 的政府成立了。可是時至今日，無論任何人都不能否認這個聯合政府的失敗。雷翁・勃魯姆 (Léon Blum) 及其盟友們❶不但無力防止當時早已存在的戰爭威脅，而且由於他們的錯覺和軟弱，更使戰爭趨於無法避免。這正是此次失敗的徵兆。此外，我們不要忘記雷翁・勃魯姆在一九三二年曾宣稱希特勒將永遠無法執掌大權。站在今天的立場，我們固然可以說：一個對希特勒主義帶來的危害有所了解而目光如炬的政治家， 一定會盡力抑制這個德國領袖 (Führer＝Leader，指希特勒)，甚至會逼他自殺。無奈雷翁・勃魯姆得掌政權的時候，萊茵區早已重新武裝起來了。於是除了少數在當時具有幾近於零的影響力的右翼份子外，每一個人都充滿着屈服精神 (spirit of surrender)。而這種屈服精神，唯有反法西斯主義(anti-Fascist) 的富麗

---

❶ 譯者按：勃魯姆乃當時法國社會黨領袖。一九三六年共產黨受莫斯科指示，與社會黨和反政府的農民共同組成人民陣線，贏得衆議院絕對多數席位。勃魯姆出任內閣總理，共產黨則拒絕參加。後來得不到工業金融界支持，政府不斷出現赤字和金融危機，勃魯姆因而被迫辭職。

堂皇的宣傳才加以隱藏; 可是，這種富麗堂皇的宣傳卻是頭腦淸晰的人所不能信任的。

在這種內容的脈絡中忽然引進以上的政治事件，可能會令人感到詫異。然而這似乎是不可或缺的。因爲當我面對這些歷史情境的時候，我立刻感覺到異乎尋常的嚴肅。我那瞻望未來的思想，通常是在戲劇的——而不是在明確地哲學的——層次上。但在這種情境下，我這種思想開始經歷一種改變。將這種改變稱爲「焦點的改變」(change of focus) 是毫不誇張的。我的意思就是說: 對我而言，那人類學問題 (anthropological problem) ——當然是從道德學的觀點考慮——在當時變得越加尖銳了。

這不能說我的發展有了一條不可彌補的裂縫。我在上章所分析的「曖昧之戲劇」(dramas of ambiguity)，便是對人類本身作一完全的重新評價，一方面加以假定，另一方面，又同時予以證明。這甚至可以說: 如果我們將《山顚之路》(Le Chemin de Crête) 與《上主的人》(Un Homme de Dieu) 加以比較，則我在這裏試圖澄淸的發展早已經是非常顯然的。《上主的人》以一篇禱文爲結束; 這是一段上達於那唯一「如實知我」(Knows me as I am) 的祂的悲痛申訴。換言之，那裏仍留着顯明的以神爲中心的取向 (theocentric reference)。可是這種情況已不復出現於《山巔之路》。當此劇的女主角陷入一個對自己的本性和自己的價值一無所見的境況時，毫無疑問的，她只是求援於那些無形的力量。但是她甚至不曾爲這些力量起過名字; 也許她不再將牠們視作與她自己最高貴的部份有所差別。而事實上雅麗亞納 (Ariane) 將永難逃離迷宮。因此對她而言，解救只有透過文字媒介，即是日記的書寫才能產生。可是這是一種極端虛幻的解救，縱然她自己也不可能被這種解救欺騙。

在此劇中，我們都能隱約地聽到那些外間世界事件之微弱的擾人的反響。從這些反響，我們可以想像得到：所有劇中人物所共同感到的不安，雖無法以政治舞臺上日益嚴重的混亂來解釋，但這不安至少是這種混亂的一個表示，是這種混亂的一個具體而微的投影。

《山巔之路》完成後數月，即在一九三六年開始的數星期內，也就是稍前於我剛才所記述的事件，我寫成了《標槍》(Le Dard)。這本書明白地引述了那三年來 穩定地增強着的 希特勒之威脅，以及那日漸明朗的左翼知識份子（他們都堅決擁護「人民陣線」）的開展。然而，我是否需要說：這種開展在戰爭和淪陷間的可怕罅隙消失以後仍未停止？《標槍》發展出一個主題。十五年以後，在《對抗人性的人們》(Les hommes contre l'humain) ❷ 那篇題為〈普遍對抗羣眾〉(L'Universel contre les masses) 的導論中，我站在哲學的層次上針對這主題作了一番分明的表述。在這裏我希望指出：我本來是打算以「普遍對抗羣眾」作為全書的名稱。然而由於出版商認為這名稱缺乏商業招徠力，我最後只得打消了這念頭。如今，我總覺得「對抗人性的人們」這個現行的名稱是不太忠於我原本的目的。

走到了這條異於尋常的曲徑盡頭，我們便來到那些我曾經在此書的開端標出的中心問題。一直到本書的終結，它們將會在不同的形式下成為我們予以首要探究的問題。《標槍》主要是描述歐斯達許・索勞教授 (Professor Eustache Soreau) 與德國歌唱家韋納・雪內 (Werner Schnee) 之間的衝突。而這個衝突的焦點，事實上就是集中於人性尊嚴的本質上。

跟往常一樣，我發覺要使這工作的原本成為十分準確是不容易的。

---

❷　Man Against Humanity in Author's Works Cited.

我可以應用的幾條筆記，不足以使我找到法文所謂：'idée est sortie（觀念生起）的地方。我們應當指出：sortie（生起、發出）這個字，當應用於思想時，它的意義往往是模糊不清的；而且對應於一個無法說得明白的譬喻：一線光芒從黑暗中生起。我唯一能肯定的，就是作為我書中男主角之特徵的良心的不安（bad conscience），我想是從一位出身一個貧苦家庭的左翼評論家身上感覺，至少是想像得到的。一本他新近出版的書，使我覺得他事實上並不如我以為的那麼近似歐斯達許・索勞。因為從那本書便可知道他是自幼在基督宗教的薰陶和訓練下長大的。這是他跟我書中的男主角不同的地方。

在這裏將我的中心觀點記牢起來當然是必須的；否則，我對自己的劇本所作的引述，正如我再三重覆的，將失去它們全部的意義。以後，我如果是從抽象的觀念出發，我便不會使用比此處更多的戲劇式的說明。換言之，對於人及人的基本尊嚴，我在心目中並沒有兩個不同的，甚至對立的概念。相反地，由於有關那兩個中心特徵及它們被牽連在內的具體情境，才會產生這種對立的形狀。我們要進一步了解，那觀者（或讀者）是被迫跳出那呈現在他目前的特殊事件之外，以求尋獲它的基本意義。我們可以加以補充：最強烈的意義就是歷史意義；那就是說：缺乏對那些跟隨而來的事件的參證，我們是無法完全感知其中的意義的。因此，這齣戲的最後一幕已預料到那偉大的悲劇事件的產生——這悲劇在第二次世界大戰結束後獲得了更精確的形式，至於它的結局如何，我們目前則仍無法預見。我願意附註一句：這齣戲是於一九三七年在巴黎首演的。一九四九年，曾由布魯塞爾大學（University of Br-ussels）的學生演出過。這齣戲和今日的問題實在太近似了，人們知道它是寫成於戰前時，都不禁大為驚奇。

歐斯達許・索勞生長於一個巴黎的貧窮家庭。他是一個傑出而用功

的學生。在學校裏，他贏得了獎學金，在考試和集會中，都有特殊良好表現。跟着便到巴黎一所學院任教。他曾經當過一位富有的政界人士的兒子的家庭教師。後來更娶了這位學生的姊妹佩雅替麗絲・杜蘭・夫絲內 (Béatrice Durand Fresnel) 爲妻。他的岳父既然將女兒許配給一個貧窮的青年，遂運用政治影響力來推進索勞在學術界的事業。歐斯達許實在太幸運了。他自己也承認這是事實；有時候更帶着一種瀕於憤激的痛苦，一再道及此事。他有一位名叫嘉德路・海莎 (Gertrude Heuzard) 的女性朋友。海莎曾經和他一同在社會黨 (Socialist party) 內共事；她是一個好戰的工作者。由於將革命宣傳帶進教室，她喪失了教席。透過苛刻的冷嘲熱諷，她不停地向歐斯達許表露：她把他視爲叛徒，對於他之容許自己變爲資產階級，大爲痛恨。可是另一方面，歐斯達許的母親──一個只具有司閽人一般智能的善良而粗陋的女人──卻像一個奴僕一般地尊敬她的媳婦。這使歐斯達許大感憤怒。他變得神經過敏；他那不安的良心咬噬着他──在表達他的反法西斯的信念時，他那種激烈的迸發便是很好的明證。我非常有興趣去指出：成就──某一種成就──往往會變成怨恨的來源。同樣地，我一位最近從一個原屬法國同盟 (French Union) 的黑色非洲國家歸來的朋友告訴我說：由於當地的土著接受了他們原應採用搶奪的手段來攫取的東西作爲禮物，他們看來就好像被剝去了一次革命，顯得非常頹喪和痛苦。

　　前些時候，當歐斯達許在馬堡大學 (University of Marburg) 任職講師時，他結識了一位名叫韋納・雪內的德國青年。韋納是個擅長德國抒情歌曲的演唱家；他能夠極具深度和優雅地將偉大的德國浪漫作品闡發出來。可是他那位名叫路道夫・熊大爾 (Rudolf Schonthal) 的猶太籍伴奏，卻在納粹黨的百般凌辱下，被逼離開德國。爲了表明休戚與共的態度，韋納亦離開了他的祖國。這種行動令他的妻子基瑞拉

(Gisela) 異常不快：她宣稱自己對政治和那雙耳隆凸的醜陋的猶太人同樣不感興趣。索勞一家人邀請韋納夫婦到他們家中居住。那時，路道夫已在納粹黨殘酷手段的迫害下死於瑞典，而韋納便是剛從瑞典他這位伴奏的葬禮回來。

然而一起居住將會使歐斯達許和韋納之間潛伏的敵意顯現出來。

歐斯達許的意見和判斷無不受他那要保留某種階級意識型態的願望所影響。其實他那穩固的不願出賣自己本來的社會背景的意慾，原則上是很高貴的。可是由於他良心的不安，這種主見已失去效用了。對於那位一往情深而且也是他所愛的佩雅替麗絲，他的所作所爲是不公平的，甚至可說是可憎可厭的。他責備他的妻子不該支持他所輕視的特權資產階級。可是佩雅替麗絲對於自己父母的缺點雖非視若無覩，卻並不曾想過要與他們斷絕關係。在娘家和丈夫間的關係迅速惡化的情況下，她努力使自己在他們之間產生一種穩定作用。一方面夾雜着深厚的憐惜，一方面又目光如炬，她跟蹤那種煎熬着歐斯達許的倫理病症———一種犯罪感 (guilty conscience) ——的進行。

韋納‧雪內之離開祖國，顯出他對納粹主義的恐懼；然而他的立場是不管它們是甚麼，他只是希望超然獨立於所有黨派之外。爲了不願發展出如制服一樣乏味的難民的心理狀態，他並沒有和其他的德國政治難民聯成一氣；對此，歐斯達許大加非議，且責稱他爲「個人主義者」。但這只是一個標籤而已；韋納討厭所有的標籤。在一切之上，他打算將自己保持爲一個「人」———這個字震驚了歐斯達許。這裏有一個基本要點。韋納輕視歐斯達許所謂的「意識型態」。他看到他的朋友之所以喜歡貝多芬，是因爲他認爲這位德國作曲家具有一種近似他自己的「民主意識型態」(Democratic Ideology)。事實上不管貝多芬對政治的看法如何，都與他的天才無關；最重要的，只是他的天才而已。因爲他的天才

乃是他的人性（humanity）的一個整全部份——這也就是他感動所有人心的方法。從這角度看來，他是普遍的。在韋納的眼中，他在歐斯達許身上發現的偏頗精神（partisan spirit）與這種普遍性（universality）正好是對立的。韋納責怪他在批評別人時未能依據他們的內在性質，而僅依據他們所墜入的範疇。不用多說，歐斯達許對韋納批評他的方式反應極為激烈。兩人之間的敵意日益增強。歐斯達許更隱約地感到他的妻子是同情韋納的；於是醋海生波，情況就更為惡劣了。結果歐斯達許做了一件下流的事。以極端的信任，韋納曾告訴他一個秘密：一個希特勒政府派來的特使曾經到訪，帶來了一個提議，只要他宣言效忠於現有的政權，他便可以重歸德國，並獲得一紙劇院的合約。他當然拒絕了。接受這種提議就等於羞辱自己。然而他並沒有將這些事情告訴他的妻子；她是不會明白他的用意的。受了某種下流的衝動所驅使，歐斯達許將韋納付託與他的秘密向那年青的婦人揭發出來。當她知道他們早就可以重返德國時，她為之暴跳如雷。於是他們分手了。她終於與一位追求過她的德國男爵攜手同行。跟這位男爵在一起，她將可順利地回到家裏。

　　朝夕為叛逆自己階級（一件事物）的觀念所困擾着的歐斯達許，於是出賣了一個真正的人，一個他習慣稱為朋友的人。韋納非常慷慨，他將餘下那一點錢財全給了他的妻子。不久，他便一貧如洗了。本來以他那種擅於喚起共鳴的天賦，獲得各方面的邀請是可以肯定的。可是他拒絕以他這種天賦來賺取物質享受。一種他無法明其本性的自責，阻止他利用這感動人心的才能來圖利。這種自責的態度，就彷彿他亦已為一種犯罪感所俘獲一般，使他自問自己是否微妙地受了歐斯達許的感染。無論如何，這一種犯罪感鼓動他去幹些英雄事，一件某些人稱為「瘋漢的行為」的事。然而雖無希特勒的親信所發的護照，他亦已決定要回到德

國去。他知道從此他的命運會變成怎樣： 他將會被捕。 這正是他需要的。因為他忽然明白這天賦的才能或恩寵，對於幫助那些他將混居在一起的不幸的政治犯將是很有用的。在這裏我們要了解清楚： 他並不是要投入政治； 他將會貫徹非政治的 (non-political) 立場。他所注意的只是這事實： 那些政治犯是不幸的，他們是一羣被無辜地凌辱的人。他的光臨至少會帶給他們那活在他體內的，可以施予的音樂。他之這樣決定，還有另一個理由： 韋納發現了歐斯達許對他的懷疑是對的； 事實上他已愛上了佩雅替麗絲。更由於她對歐斯達許極為怨恨，因為他在私慾的驅使下變成了滿懷痛苦和怨懟的嘉德路的情人； 韋納感到如果他繼續留在法國的話，他們都不能抵抗誘惑。在上述的情況下，他決定回到德國。他以這個決定， 在她面前樹立一層不可逾越的障礙。 這齣戲的最後一幕，就是描寫他向佩雅替麗絲解釋的過程。他發覺要將佩雅替麗絲提昇到和他一樣的境界是很困難的。更甚的，就是她會視韋納在這種環境下離開為一種自殺。『這根本不是自殺』，韋納反對說， 『自殺是罪惡……我只是把自己交付與……』『交付與甚麼？』佩雅替麗絲問道，『那政黨的理想？ 那革命的行動？』『我對政黨的理想毫無興趣，』他強調說：『我只對人有興趣。』 而當他感到佩雅替麗絲慢慢頓弱下來， 且有意聽憑她鄙視的丈夫接受命運的支配時，他向她請求：『妳不能離開他。妳一定要經常記着妳是個窮人的妻子……貧窮並非缺乏金錢或者缺乏成就。歐斯達許有金錢，也有成就。但他仍然是貧窮的，而且每況愈下。毫無疑問，他將永遠無法治好他的貧窮。這是我們這時代最大的罪孽；它像瘟疫般蔓延着。我們找不到治療這種疾病的醫生。它甚至無法被診斷出來。也許藝術家蒙赦免，縱使他在挨餓。那些能夠祈禱的眞信徒亦會被寬宥……而所有其他的人卻都危在且夕了。』

　　佩雅替麗絲： 你叫我跟一個麻瘋漢生活在一起。

章納：我恐怕在地球上麻瘋的殖民地將會倍增。只有那些處身於麻瘋病人之中而不覺得他們不可能接近的少數人能獲得生活在那裏的恩寵。可是遠在恩寵之上，他們更需要在途上支撐他們的食糧。

佩雅替麗絲：我不夠勇敢，章納，我向你保證。

章納：妳將會想起我，正如我想起路道夫。以後我會活現於妳的心中，正如路道夫活現在我心中一樣。那時妳將會記得數星期前我在這裏告訴妳的話。如果只有活着的東西，佩雅替麗絲……❸

他所說的是：「如果只有活着的東西，我想這地球上的生命將成為不可能。」

　　但是這便需要一個直刺核心的詮釋；這正是我希望在本書內澄清的：那旣非缺乏金錢，又非缺乏成就，且將如麻瘋般蔓延的貧窮到底是甚麼呢？我想可以這麼說：它是抽象精神（Spirit of abstraction）。我們不能諱言，這種精神在今天已落實為共產主義。這種落實（incarnation）雖然不是唯一的，卻是最可怕的。這種抽象精神是無法和某種愛的缺乏分開的；我的意見是指：不能以人為人（treat a human being as a human being），而代之以某一觀念、某一抽象的指謂。那將在地球上倍增的麻瘋殖民地（記住這劇本是成於一九三六年的）就是那些庸俗的民主主義；它們委附於馬克思主義式的抽象精神。但是我們需要立刻補充：任何技術管理主義（technocracy），縱使是屬於資本主義系統的，仍可以犯上同樣的基本錯誤。就在技術管理主義將個人放置在社會架式中，只把他視為一生產單位，而僅從他的生產力來評斷他的價值的當時，它亦已傾向於創造麻瘋漢的社會；不管外觀多吸引

---

❸ *Le Dard*, Act III, scene VIII.

人，它們總還是麻瘋漢的社會。例如：那些矗立巴黎郊區的麻木不仁的建築物，並不是給人居住的（因為「居住」仍有屬於人的意謂），卻是使人擠成（incorporated into）一團的。看見這些大廈的時候，我立即對這種壓着人類的普遍威脅產生了那近乎生理性的感覺。所以，經過了這些在我眼前瞬息萬變的市郊後，我早就可以宣佈這已經是一個共產主義社會的樹立了。

在我的劇本中我所處理的都是一些特殊的事件，但在這裏我卻將讀者的注意從此處轉移到一個拒絕被拘束於這些特殊事件的限界內的完全普遍（wholly general）的情況。對於這種任意轉移的態度，讀者很可以提出反對。他可以發問，比方說，在犯罪感和技術管理主義之間有甚麼可能的關聯，這表面上無疑是個有力的反問；可是我只會說：任何提出這樣反問的人，已將他自己置於一個事實上全然和我不同的層面上。這種層面上的差異，不單關連於我的戲劇，且亦關連於我開始獨立思考便致力發展的存在哲學（existential philosophy）。

顯而易見地，如果仍然停留在觀念的領域裏，一個人絕對無法從一個觀念，如技術管理主義或任何從特徵着想的社會體制，抽繹出任何近似我所謂的「犯罪感」。我所計較的，並非技術管理主義本身；因為它終究是一個抽象觀念。但是它將會使那些生活在它之下的個人遭受怎樣的待遇呢？對此問題我便不得不加以關注了。此外——這是最重要的——在我們所生活的世界，也就是我的戲劇的世界裏，技術管理主義並不十分盛行。我們感到技術管理主義只是一種遙遠的威脅；而同時又感到它是一種愈來愈朝向於鼓舞生命的精神。像一個歐斯達許這樣的人物，是不能與一個變動的社會分離的。在這個變動的社會中，如馬克斯所理解的階級鬥爭正在社會的架式內移向工業化（正如那傑出的觀察家所見）。那階級鬥爭，讓我重覆一下，正朝向於被一些遠較溫和的，大為

不同的關係所取代。這些關係的產生，乃由於一部份資產階級加入爲無產階級，以及一大部份的無產階級形成了一個資產階級。韋納是一個爲普遍而奮抗羣衆的人。如果現在我被問及何以要將韋納‧雪內塑造成一個歌唱家，我會這樣回答：我如此選擇的動機，通過由果推因的處理，已慢慢顯現於我的眼前，而且經常是爲了同樣的理由，那就是我並非由抽象觀念達至具體事物，而是剛剛相反的。像韋納‧雪內這樣一個演唱家，本質上是無私的，樂於奉獻的，他所獻身的工作主要是使那些偉大的創造性藝術家的作品可以通達於其他人；因此韋納乃是一個中介者（mediator）。可是中介作用在此比在其他情況要顯得更鮮明、更有生氣；尤其聲音是人類的一部份，較諸一件如小提琴或鋼琴的樂器，自然還爲鮮明和生氣蓬勃了。我們亦可以說韋納的精神氣候就是讚歎。他的問題就是利用體內這種力量來服務他所讚歎的作家和作品，在實效上使他們能爲聽者所讚歎——但是，不用多說，這並非指任何聽者。有些人往往經常與藝術保持隔絕，所以在這領域內是無法將任何人皆予以容納的——爲了一種我們事實上無法知其本性和意義的不幸（disgrace）。這是一件我們唯有能接受的事實。然而這些「圈外人」(outsiders)，更正確一點，這些比奧西亞人（Boeotians；譯者按：比奧西亞是古希臘時代一個文明極低的國家。）的存在，並無損於那些音訊的普遍性。用邏輯的術語來說明，這種普遍性乃蘊藏於內包（comprehension）之中，而非外延（extension）之內。在一個像韋納‧雪內的解釋者之內，「自我」似乎趨於被那服務美妙的藝術作品的行動所吸取。這當然不是說虛榮心能從其中排除淨盡。讓這種侵蝕性的虛榮心到處作祟乃是人類的本性。可是我們可以謹愼地說：導向一個盡善盡美的解釋的條件，必須設法預防這種干擾。在韋納的情況中，這是最正確不過的。他之能夠將共鳴的感覺注入他周圍的人，可以肯定地歸功於他盡量少爲自己而存

在這事實。此外，我們可以將他比作一個信徒。我們可以想想那些前面引述的韋納告訴佩雅替麗絲的話：藝術家將免於這貧窮的病；那能夠祈禱的真信徒亦會被寬宥。在這兩種情況，拯救都是來自「超絕者」(transcendence)，縱使彼此的觀點是大相逕庭的。我們將會看得愈加清楚，這種「超絕性」(transcendency) 與「普遍性」(Universality) 有極密切的關係。

現在可能需要回頭看看我所說的「讚歎」是甚麼意思。只會講：它在我自己的生命中是極端重要的以及沒有讚歎的能力是我最大的不幸是不夠的。我時常感到：讚歎是與創造屬於同一層序的；毫無疑問地，它甚至是一種慈悲的特許 (merciful dispensation)。憑藉這種特許，那些不曾獲得創造有形事物的恩賜的人，能夠同時到達那創造精神 (Creative Spirit) 顯示自己的層面。那讚歎與創造間的關係之觀念最初可能會令人驚奇，因為人們偏於混淆創造 (creation) 與製造 (production)。然而一般說起來，任何製造皆須依賴一種技術，而創造則相反地乃是屬於一種超技術的層序 (metatechnical order)。這驟然看起來只是一種純粹的文字差別。但是我試圖表明的正是：在實在 (reality) 中創造乃一個對於接收到的呼喚的反應。我們應當強調的乃是接受性。我可以指出：每當接受性(receptivity) 與被動性 (passivity) 混淆起來時，就犯了一個嚴重的錯誤。舉例說，我看康德就犯這種錯誤，這觀念我曾在一個研究中首次討論；這個研究後來收進了一本與《標槍》大約同時期而名為《從拒絕到呼籲》 (*Durefus à l'invocation*) 的書中。就如《破碎的世界》(*Monde cassé*) 和《地位與具體進路》(*Position et approches concrétes*) 一般，這兩書之間的關係是很分明的。以下是我從這篇論文錄出一段直接討論主動的或創造的接受性 (active or creative receptivity) 的觀念之文字：

「我們已經在求取知識的歷程中，找到那位於創造本身的中心的弔詭(paradox)。可是較諸在知識精密及實用主義以其種種形式掩蓋那深不可測的對實有之知覺 (naissance-au-réel＝becoming aware of the real) 之原始奧妙 (initial mystery) 的地域，在藝術家心內，這種弔詭也許會更容易被偵察到。那藝術家覺得自己是被他試圖落實的東西所支撐的。因而在他心中終於成就了接受與給予的同一化(the identification of receiving and giving)。可是只有在他自己的一個對於類如當我分析那「在自己家裏」(chez soi)時所指述的地方之特定範圍內，這種同一化才可以獲致。我們有充份理由相信感受的能力(ability to feel)與創造的能力(ability to create) 之間只有力量之分別，而無本性的差異。兩者非但都假定一個「自我」(soi) 的存在，且假定了一個此「自我」在內認識自己、運動和散播自己的世界。這是個位於封閉與開放 (the closed and the open)，有和是 (having and being) 之間的世界，也是我的身體所必然地顯為它的符號或物質化的核心 (materialized nucleus) 的世界。可是我們有理由假定：在我們將某些可能只是一個不可測量的王國的顯發（這王國沉沒在水下的地區只能憑藉照明或偶然地看到），當作獨立的有限域的實有時，我們已被我們實體 (hypostasis)的現象所矇騙了。在我們說及我們的生活(life)、人類的生活時，我們給予生活 (living) 這個字一種完整的意義。在這種完整的意義下，對於一個將會走向這事情的中心的人，生活這事實是否意含一個無法定義，而確實呈現於我們的經驗中之神秘的形上境界呢？」

將這段文字以暗喻處理的事物陳述得更明顯一些，（當然用我們在此處所採取的觀點），是很適當的。然而困難的是我們所考慮的並不能

毫無矛盾地概念化。因爲概念只能從那位於上述有與是 (having and being) 之間的範域中形成。我們可以說：當它來到這些模糊的海岸時，思想使用一種與它應用於知道或明瞭事物全然不同的進展方法。雖在經驗一個較深的層次上，我必須講到分享 (participation)。 可是我希望強調的乃是一個對於主動接受性的細心考察，可以幫助我們將對於「人」及我們稱爲「人性尊嚴」的概念整列出來。其實，這正是正面討論這尊嚴之概念的時候。

我們一定要承認，在流行的措辭中，所謂「人性尊嚴」是用康德主義 (Kantism，在這裏將它約化爲最簡單的表式) 的述語來解說的。我參引了一個觀念； 根據這觀念，人類那種不可轉讓的價值乃在於他是一個理性的存在； 這個觀念的重點放在人類對世界可知的秩序的明瞭和理解的能力，或放在人類依從某些被認識普遍有效的公理 (maxims) 之能力。我心中並不打算對抗這樣一個解釋的正當價值。然而同時我似乎很難否認：在前一百多年間，這種可敬的理性主義，就如同它對人類心靈的掌握漸漸鬆弛一樣，失去大部份的生命力 (vitality)。這種思想形式很容易下墮爲一種形式主義。如果不是人們對這種思想形式的興趣日益缺乏，則各方面的存在哲學，甚至可以加上柏格森及其追隨者所主張的生命哲學之所以發展，皆將無法理解。

這是我自己的基本信念： 除非我們 成功地 使它特有的神聖性質顯明，否則我們無法成功地保存那位於人性尊嚴的中心的神秘原則。當我們就人類在其赤裸 (nudity) 與柔弱(weakness)的狀態──如孩童、老漢、乞丐一般孤立無援的狀態加以考慮，這種性質將會最爲清晰。這裏我們會考慮一個驟然看來似乎非常令人困惑的弔詭。

我們是否會被我所謂的「尊嚴的裝飾概念」所欺騙？事實上我們時常會或多或少將它與那伴隨着權力的豪華排場混淆起來。人們認爲應當

在裁判權力的周圍佈滿易於博取尊敬的排場，或者在賦有較高職權者和一般人之間拉出一段距離。某些制度甚至用人為方法來表達一份人的特權。而我並不否定這些事物的必要性。可是同時人們往往會恐懼這種排場可能只掩藏着空虛和詭計。如果眞是這樣，則我們可以說它反擊自己；最後，在那批評的觀察家看來，它給予自立的權威致命的一擊。縱使我們撇開那些像制服或豪華的排場，只考慮態度、嚴肅的語調、手勢等，這仍然是眞確的。而對於一個留在「外圍」（ "outside" ）的人，這些態度、語調和手勢等時常會引起一種反抗的情緒。

在我看來，理性主義在這種存在思想的路線中顯出現代所不易忽視的弱點。我們好像越加知覺到理性可能變得虛假和拙劣。然而另一類的考慮還是指往同一方向：這可以說我們這時代將會證明我所謂的「理性之逐漸世俗化」──一種功能上的處理 (functional treatment)。這種功能上的處理漸趨向於將理性約化成一系列依存於一描述科學 (descriptive science) 的技術運用。環繞着它的，已不復有伴隨着像康德及其後繼者所用「理性」（ Vernunft ）一字的氛圍。但是我並不認為這種約化歷程可能推及至無可注意、無可尊敬的地步。我心中所信的剛剛相反。然而我卻懷疑傳統理性主義哲學的語言，就如它在過去一樣，能夠將這實在（ reality ）傳達至現代人的心靈。人們往往會將這實有為殘餘的 (residual) 且毫無疑問地將它描述成旣是直接的又是秘密的 (immediate and secret)。這兩字似乎是互相矛盾，可是如果我們暫停反省，這矛盾似乎是我們所稱為「神聖者」(the sacred)所固有。

那位名叫伊曼奴‧李溫納斯（Emmanuel Lévinas）的現象學在一篇題為＜全體與無限＞❺的最近的論文中，對此顯出了極深的透視。

---

❹ *Du refus à l'invocation*, pp. 123-124.
❺ *The Hague:* Martinus Nijhoff, 1961

他將重點放在那不可化的本原性上面。他稱這種本原性（originality）為「面對面」（face to face），那就是說，別人的面如何顯示於我。與我極為相似地，他認為我們在這裏所說的「別異性」（otherness）是無法像黑格爾式的辯證法一般，透過矛盾衝突，最後達到同一。這裏，「別異性」呈現了一種客體或可客體化的基料之世界所全然欠缺的一致性。對於伊曼奴・李溫納斯試圖避免過這種情況似乎意含的多元論的方法，我在此處將不加考察。對於一個既是「別人」（other），同時又在被面對（to be confronted）之外將自己呈現為被致意（to be greeted）的人，他在命名時竟不用我認為是唯一適當的——「鄰人」（neighbour），這是頗為令人詫異的。我們應當注意：「鄰人」這字只有放在所有格形容詞（possessive adjective）之後才獲有它的全部意義；而在這情況下，那所有格（possessive）已不是用來表示擁有權。

我們不用說：我們在這裏又找到——無疑在經驗一個較深的層次上——前面對於那稱呼字（vocative）「你」（thou）的論述。在一個以第二位（second person）為中心的哲學中，「我的鄰人」這幾個字才有意義。

另一方面，很明顯地，從「我的鄰人」這幾個字所隱含的經驗，我們近乎不能察覺地被推至一種對博愛之情的肯認。然而此處有一個無法忽視的重點。原則上我只稱那些與我同父的為「我的兄弟」。兄弟關係蘊涵着同父關係。所有的事物都使我們認為，法國革命先鋒在他們以自由、平等、博愛（這三者在他們眼中乃一不可分割的整體）為人權宣言的基礎時，是被一種後來被懷疑的潛伏着的自然神論（deism）所鼓動。在那些以上帝為全人類之父的信仰為一純粹屬於選擇的事情的地域，那就是沒有法定宗教的國家裏，所有公眾建築物都題上了「自由、平等、博愛」（Liberty, Equality, Fraternity），這似乎是弔詭的。在這些

條件下，博愛之情變成了一個「有如」（as if）：人們必定要「有如」
對待兄弟一般地對待他人。我們在這裏看到的，只是一模糊的希望，或
者是一種暗薄的對於過去將博愛當作一信條的時代之思念。關於平等的
處境便大為不同了。這個字表示了一種緊急需要：它日益趨於制度化，
於是對權利的注意便難免多於對責任和義務的注意。但是在此處可以引
出一個很重要的問題。從第二次世界大戰結束，這問題便縈廻於我心
中，一個從上次戰爭便居住在美國且在一美國大學任教的澳洲人，也曾
間接地迫近這問題。我參考了克于尼路德歷亭伯爵（Count Kuhnelt-
Leddihn）和他的《自由或平等》（ *Liberty or Equality* ）。❺ 這個
書名的重點當然是放在「或」這個連接詞上面。一九四九年在里斯本
（Lisbon）我首次嘗試表明：由於這兩種緊急需要生自兩不同的來源，
平等和博愛之間存在着一種對立；那時我並不知道任何有關克于尼路德
歷亭伯爵所著作的內容，而我這種看法是相反於他和無數後繼者的信
念。正如我所注意的，平等在本質上乃對事物的佔有權的宣稱；這個字
最完滿的意義就是「自我中心」（ego-centric）。我與你、與他、與他
們都是平等的。追究的遠些，根據尼采和謝勒的看法，我們便不難發現
對平等的要求中存在着一種不滿。我們必須補充：雖然這種不滿旣不是
又不能證明，可是它仍然在一種理性的或偽理性的（pseudo-rational）
掩護下隱藏着。人們總認為我沒有理由不應和你平等；如果我承認我與
你不平等，那我將會被視作為非理性的。

　　某些權利的平等是明顯的，可是並非所有權利的平等皆是如此。而
主體本身之假定的平等就更無法確立；這種全人類的平等（此處這字是

---

❺　Erik Maria von Kühnelt-Leddihn, *Liberty or Equality:
The Challlenge of Our Time*, ed. John P.
Hughes (London: Hollis & Carter, 1952).

否有意義是很值得懷疑的，且假定它有意義）無法確立，則權利的平等便無法證明。所以主張平等的人必須進一步表明透過甚麼歷程，他從前者達到後二者。

在我看來，博愛的情況似乎便大大不同了。與平等不同，博愛本質上是以他人為中心的（hetero-centric）：你是我的兄弟，我認識你本身，我像對兄弟一般向你致候。很明顯地相反的情形是可能在此處出現的。如果我為你所冤屈，最後我會以責備的口吻提醒你：我是你的兄弟。但這只是一個特殊的情況。一般說來，遇到這種情形，我會以那些你所侵犯的權利的名義，以責難的語氣，向你說出這些話——那就是以平等的名義遠超於以博愛的名義。然而如果我們將注意集中於形成博愛之基礎的推廣的認可行為（act of expansive recognition），我們會發現它好像是一種與平等所意含的宣稱佔有剛好相反的自發運動：你是我的兄弟；正因為你是我的兄弟，我不單對你所有的好處感到欣慰，甚至對你優勝於我的種種，我都是樂於承認的。為甚麼我要感到與你平等的需要呢！透過我們之間所有的差異，我們還是兄弟，而這些差異豈應不意含你優勝於我的不平等——當然我不會損及自己——因為我們既是兄弟，那麼你的天賦、行為及工作所發出的光芒將反射到我的身上。也許我只要簡單地說：「我為你感到光榮」，便可以將這些表達出來。可是我如果堅持我與你是平等的，或者表明我與你平等，「我為你感到光榮」這句話將變成無意義甚至不可能成立。

以上所述，很可能被認為是一很長的插註，現在我該加以結束：我們所說過的一切，引使我們認為，除非我們置自己於博愛的而非平等主義（equalitarianism）的觀點，我們必將陷入抽象理性主義的窠臼中，而無法全然地了解人性尊嚴。在此處我一定要回到我在這個討論的前部可能談及的思想。有些人宣稱人性尊嚴只是那些採取某種崇拜形式、明

白地承認上帝乃人類之父的人所關切的；　而這種尊嚴 遂顯如神 的影像 (Imago Dei) 的標記。這種看法，我認爲是錯誤的或不智的。更正確地，我覺得雖然沒有明顯地排拒它的難題，這種態度是不能單純地接受的。接受它將會使人輕視這事實：一個非信徒 (unbeliever) ——我並不用無神論者（atheist）一詞，因爲這名詞在這內容脈絡中並不適合——事實上可能對人性尊嚴有一種熱切希求，而他的行爲將給予它一個不能否定的確證。我特別不把那些對不公平和壓迫只會提出口頭抗議的人放在心上；因爲除非陳言者是冒有極大的危險，否則這種口頭抗議是沒有多少價值的。我所關注的，乃是一種對被壓迫者的主動關心。在實踐中這種關心實蘊涵着一種對於與那些需要保護的人的友愛關係之知覺。雖然「上帝乃父」的信念仍然隱藏於身爲自由思想者 (free-thinkers) 的他們之意見下，我們可否說儘管這些非信徒不信，他們還是懷抱着這種信念？我們每一個人往往會將自以爲信仰和自己信仰的弄錯，對於這個重要的事實，我自己是非常注意的。如果眞是這樣，則信仰事實上乃存有之型態，絕不能如一個意見一般爲人所擁有。

　　我覺到我們還不必太快以一種辯解的意味來解釋這情況。對一個非信徒，我寧願這樣說：只要他眞的具有我剛才描述的主動的性格，那麼對於人類環境所固有的奧秘以及在此環境內一切危險的、動盪不安的、以至悲劇的事物，他都有一種主動而尖銳的體驗。我們在這種思想路線中所發現的一種極強的同情，而這種同情最後蘊含於一個覺得它是完全異於優越感的人。綜言之，一定要在自負的反面，尤其在軟弱的一面，才能找到尊嚴。 正如我經常做的，此處我將再引用我的劇本《貪吝的心》(*Les Ceurs svides*) 中一個名爲阿諾（Arnaud）的角色在劇末所說的話。他的父親常常以一種專橫而嚴肅的態度,說着:「到畫廊去」; 結果，這種用來加深聽衆印象的文字雕飾，只欺騙了他自己。在這最後

一幕中，他非常疲倦地睡着了。他的兒子阿諾是一個不失赤子之心的虔誠基督徒；他在沉睡着的老人身旁沉思：「不久」他對自己說，「所有他喜愛的這些句子，將會消失於寂靜之中。這種他非常認眞的虛僞行爲將從他身上剝落。他將會單獨留在此處，軟弱而毫無防備，宛如一個在睡夢中將玩具緊抱於懷裏的小孩。面對這狂言亂語的活人，我只能想像他將於明天冰冷地躺着——死去了。」

在這裏我們有一個比較特別能照明我試圖在此章內提出的思想。這是一個僞作的尊嚴 (affected dignity) 和內在於每一個人出生時便被註定的命運中的尊嚴間之比較。後者是不能出讓的，而前者則由於是僞作的，遂變成尊嚴的反面。這裏有一個弔詭。這個弔詭的意義是值得澄清的。

驟然看來，人們極可能會說：人會死的事實使他的行爲以至存有顯得毫無意義。而我們必須承認現代人只是過度傾向於追隨這種思想路線。如今個人的無意義已經被宣佈，於是各種形式的暴政，尤其是在民主名義煙幕後活動的暴政，都已鋪好道路。可是值得注意的是這並非唯一的道路；而更值得注意的，乃是在我們體內有某些東西建立起來以抵抗這種分裂和下墜之流。我們應該更清楚地精確地決定這種抵抗的意義和本性；可是目前我們已經看得夠清楚：這種抵抗並非建基於自我之肯定和它流出的要求上，而是建基於一種對聯合全人類的活着的繫結之更強烈的知覺上。（岑溢成譯）

七、必死性・希望與自由

　　現代人似乎都抵抗不了下面這種誘惑：由人必死的事實而辯稱個體為微不足道，他要轉至一集體和一社團；在集體面前人被判定為毫無價值。以這種方式推理將導致暴政及奴役。在前一章我們所簡略地討論到的弔詭，就是我們能夠在人的有限性本身中找到他的本質尊嚴之因素。這如何可能呢？在我們所知之一切中，人類是唯一知道自己是難免一死之存有物；我們應以此事實為出發點。此外，從我們所採取的觀點看來，這事實顯示人超越了那個因某種「理由」以為可以把人犧牲掉的社會；因為若果這社會有它自己的命運，社會並沒有意識到這個命運，亦不能對它有任何概念，更無法掌握主宰它。總結而言，優先權乃在個人身上。

　　在任何情況下，我們必須留意到，這種對自己之必死性的知識包含着我於上章結尾時所云的價值之不確定性：只有在超出自我的界限的條件下，我們才能從上述兩可處境中出來。在我曾引用的《貪客的心》(Les Caeurs avides) 的原文中，阿諾（Arnaud）並非沉思着自己的必死性，而是沉思着他父親的必死性。他這種沉思充滿着一種同情，這本來就是虔誠的一種形式。這種虔誠的性質才是重要的，但並不需要假定它是能夠歸約成更簡單的及笛卡兒式的「自明」(self-evident)的東西。

　　我相信我們首要的義務就是堅決地避免這種歸原式的解釋。根據這

種解釋，我們會說這種虔誠是一種迷信的恐懼之減弱了的、褪色的殘餘。當然，這種對來源所作的嘗試常常是可能的，但是它們有一個中心的難題，就是那種歸原的想法差不多不可避免地會談「此物彼物不過如此如彼而已」("such and such is nothing but this or that")，換言之，由於對來源的追究而否定了某種經驗之特質。眞實的情況似乎是：對死者或那些我們預見其死亡的人之虔誠，滿足了一種補償的需求；這種補償的需求也許是正義的一種神秘型態。這一切如此發生了，就如同那虔誠者（此字不帶任何宗教的意味）感到自己必須採取反方向的向上提昇的動作，因爲他發覺可朽壞的肉體日漸走下坡。可是我們在這裏尚需作更深入的探索。我們深信在死亡中，一個人的存有將會把自身提升至一種活着的生命所不容許的完整性（integrity）；這是因爲現世生命恒久地被分散、受苦刑和分裂。這樣的信念往往是無法明顯地陳述出來的。馬拉美（Mallarmé）的名言:「永恒終於使他變成他自己」("Tel qu'en lui-même enfin l'éternité le change"="As eternity at last gives him back to himself") 很恰當地表達出這走向永恒的過程。

我們在生命的結束時往往發現到生命之基本無力性、無意義，或者某些比空無(nothingness)更壞的──一種體現於一連串行動的邪僻意志，一種要毀滅人們爲了溝通及和平所做的一切之意志。可是我認爲堅執着這樣一個判斷往往是很困難的；無可避免地，某些事物會毀弱它的力量，並且將它重新對它提出詰問。因爲一個表面上似乎具邪惡意志的人，或者是被剝奪了愛，在這情況下他就像在存在結束前變成控訴者；或者他曾被愛過，而這種他無法反應的愛情會發生中介（intercession）的特質。可是除非這種「中介」並非用言語道出，及除非那主體際的意識（intersubjective consciousness）拒絕承認，或堅決地宣告死亡

的終極性，那末「中介」一詞是沒有意義的。這裏我不願直接進入我在其他地方對死後生存問題討論的複雜題材，在《破除偶像者》（L'iconoclaste）劇中我曾接觸到這一題材。在這裏我願意請大家集中注意力於下列一、二點上。

　　首先我認為不論我們的宗教立場如何，或者我們採不可知論立場，我們都應反對任何以否定一切為主的獨斷主義，這種獨斷主義經常是建基於陳舊的科學主義之上。第二，我們不能同意以無神論為官方主張而為無神論邏輯所支配的社會所宣稱的，而必須承認，將人類生命從任何無形的領域之延展中排除，對人的生命必然不會更尊敬或關切；即使人的生命理論上被認為係一經失去無法補救的珍品，也無補於事。我認為在那些我們正在談論着的社會中發生了生命的貶值；這貶值的意思就如一般人所說的錢幣貶值一樣。戰爭和革命與它們對人的生命之可怖消耗便有這種效果。我想起了一位名將的話，這是第一次世界大戰時期一件流血的防衞行動之後一天說的，當時我一位當參謀的親戚亦在場；他說：「人是可以取代的」(Men are replaceable)。這些都是不堪入耳的話；因為事實上個人正是一不可取代者。可是我們必須強調，我們這時代已較任何時代更成功地將「批發」和「零售」的商品區別導入一個應永遠排除這種區別的領域中。可是這是唯物論的許多後果之一。今天這種唯物論不僅瀰漫於我們的思想中，而且已成為我們的生活方式；它甚至並存於有宗教信仰（當然這信仰不是真實的，而祇是它的幽靈）的人身上。

　　第三──可是這是一個與上述的不同層序的評述──我想我們一定要提防一種宗教偏向；這種偏向在或多或少地正確解釋的啟示經文名義下，先入為主排拒一種與來世有關的形上觀念。新教神學家約翰‧赫令(Jean Hering) 曾公正地評論說，一方面贊成或反對輪廻並非神學家的功用，因為這依賴一種完全在神學以外的知識；可是另一方面，一種

如肉體的復活的基本敎義乃屬於一極爲特殊的領域，對此領域非神學家是無法通達❶。我個人則總認爲輪廻說應該受到比一般哲學家所給予它的更多的細心研究；因爲揭露某些經驗事實是可能的，而這會使它變成一極具說服力的假設❷。

如果我感到應該在這裏介入這些評論的話，那是因爲我覺得必須對那幅現代人日益傾於用來包圍自己的凝結體圍牆加以估計；這種人們自己宣判的魔鬼般的孤獨之圍牆使人越來越無法被另一種精神力量的預感和宣示所穿透。

無疑地這裏會有人提出一論調：通神的和精神的社團（theosophical and Spiritualist societies）可以找到不少，它們宣稱的目的乃是保持或重建人與未來世界的交往。我對此很注意，且與英美的副心理學（parapsychology）研究團體保持正常的接觸；這些團體的確做了一些認眞而有價值的工作。由於它是在一個眞理和錯誤糾纏不清的領域中運作，我們必須記住，在這圈子中批評的研究遭遇到特殊的困難。我們應特別注意，這種研究與科學本身的發展有一種邊際的（marginal）關係。法國的科學家和哲學家很不樂意承認諸如遠地感應（telepathy）和觀心術（mind reading）等有堅實根據的現象，祇因爲它們與某些未經批判的設準衝突。於是一位像阿蘭（Alain）這樣的理性主義者，在一篇約三十年以前發表的文章中作了那種可恥的聲明，他說：如果副心理學現象於某處出現，他將不願置身其間。在這裏他似乎把理性視爲海關檢查員，任何與規格不合的東西卽被視爲走私品。我經常反對這種心態，

---

❶ Jean Hering, *Revue d'histoire et de philosophie religieuse* (University of Strasbourg 1960), pp. 338-348

❷ See the two articles by Ian Sterenson, M, D, in Journal of the American Society for Psychical Research (April 1960)

而也許在這裏我可以引述我在第一章中所云的冒險傾向。

這裏我必須請求讀者寬恕我離題：上面這些話涉及副心理學研究與對死亡看法之間的關係；我認爲這其間的關係足以使我們拒絕對死亡的性質加以武斷，儘管這項拒絕不能探積極形式而無條件肯定人在死後繼續生活。

可是一般說來，至目前爲止，哲學家對於那容許自由插入我們的存在組織的人類之某些結構的特性毫不注意。除非一個人擁護那顯然已經過時的科學唯物論，我實在無法了解「死後的生存是不可想像的」這種論調如何能認眞地堅持。某種不確定性誠然並未消除，足以使我們對命運中的奧秘的一面多加反省。而將這不確定性視爲固定常數也是同樣錯誤的，這種想法以爲人對死亡的信念或懷疑完全和我們在此世界中的存在方式無關。明顯地一個人愈是將自己當作中心，而祇以對他自己所有關係去看別人，來世的觀念將愈益失去意義；因爲此來世將顯爲一種無意義的延長。這就是像沙特那種以爲「別人」（the other）基本上是我的整全性（integrity）或自足性（self-sufficiency）的威脅的觀點之特性。相反地，別人愈是成爲我經驗的整全部份，我愈能認識他們的不可歸約的價值，以及我們在現世要獲得一持久和諧之困難；我也愈益感到需要設想一種和我們所已知的存在方式不同的存在形式，它將我們引向那種使我們全體在全體之中（all in all）的眞實的、完美的（pleromatic）統一。

我絕不會低估這樣的主張一定會惹起的反對的力量。我的主張將會被歸入那種嚴格反省一定拒斥的一廂情願的思想。

在此刻，我在第二次世界大戰期中所發展的對希望的反省將會有用。我的思想起點是：希求（desire）與希望（hope）必須嚴加區別，而斯比諾撒（Spinōza）錯誤地將它們視爲一事。我在＜具體的見解與進向＞

(Positions et approchès concrétos) 中便說過: 恐懼並非與希望相
對立, 一如斯比諾撒所云者, 而是恐懼和希求 (desire) 相對立; 我更
補充說, 希望之對頭星是往最壞處想, 那些失敗主義者便是如此。但在
此書寫成十年後, 我試圖加深探求以期說明希望的一些基本特性; 我的
反省植基於我們法國人的處境, 那就是爲敵人所擊敗和壓迫, 更明白一
點, 就是等待釋放的囚徒之處境。那時在一種類似我在前面提及的「綜
觀」(syneidesis) 中顯現於我的, 就是希望經常繫於一種被俘的經驗:
「如果我不只意識到被擲入一處境中, 且被此處境束縛於某種使我行動
受限制的存在模式之中, 我就覺得自己像一個俘虜……這樣的處境使我
不可能騰昇至一種感受或思想之完美的經驗。」但我同時也發覺, 「我
希望」的主體不能歸約爲希求的主體; 換言之, 「我希望」的主體不作
任何視爲當然的肯定。這類肯定以某種方式出現於樂觀主義中, 就如我
們可以發現於某人身上, 當他面對一悲慘的處境時, 以他認爲自己擁有
着的智慧名義下宣稱: 「我告訴你這些事情會完成」; 而失敗主義者會
以同樣的保證語氣說: 「好, 我說沒有一件事情會成功, 而最壞的結果
將會發生。」希望似乎是屬於另一幅度 (dimension) 中; 我們可以
說這是謙恭 (humility) 和忍耐的幅度, 這種忍耐也許就是生命的一
種深刻而秘密的特性。若果我們一定要說希望是那主動地征服絕望的誘
惑之行動, 那麼我們必須補充, 這勝利未必伴隨着一種努力的感覺; 它
甚至與鬆弛連在一起, 而非與緊張無關。可是我們必須強調, 這種鬆弛
並不是, 且必須不是一種懈怠。這是我最堅決主張的各點之一, 尤其是
關於我們對意志所應有的概念。我覺得也許諸如盧卡奴斯 (Lucanus)
與高爾乃葉 (Cornille) 這類詩人所歪曲的斯多亞主義 (Stoicism),
歪曲了我們在這裏討論的事實。在上面我提及忍耐, 可是它明顯地是與
被動性 (passivity) 極爲相反。我們事實上一定要提防發生混淆, 當

我討論那種接受性（receptivity）時曾說起這種混淆。關於希望，如果視之爲對必然會來的事之無可奈何而猶豫不決，那是不能更錯誤的說法。事實上，希望或忍耐也眞能下沉至由安祥轉變成純粹懈怠的程度。這裏我願意從《旅途的人》（Homo Viator）中的<希望之現象>（Phénoménologie de léspérance）引錄數行 ❸。認爲忍耐通常是在一個人身上（譬如小孩或病人）活動，而希望則針對於一種非位格的處境，這樣的主張往往會受到反駁；我正是在回答這種反駁：

> 反省之下，二者間差距趨於減少，可能是因爲我對於要對之負責的人會抱有或不抱有希望；人們有理由自問，「我對你抱有希望」這樣的句子是否「我希望」這動詞的最適當形式。可是這並不能將這一問題完全說淸；試驗的性質由它對我所發生的效果而知：它在我身上產生的結果就是它把我放入一持久改變之中，使我的存有深受衝擊。例如疾病會使我變成那被歸類爲職業病患者的畸形存有，他們逐漸會養成職業病患者的典型狀態。——在被俘者或逃亡者的情況中，同樣的歷程亦會出現。由於我希望，我乃將自己從一種像鐵箍一般的定命論釋放出來；希望使我冒險而得以勝過那些墮落的、零碎的、夢遊般的人之表顯。人之所以產生絕望，是因爲絕望有某種迷惑性。❹」

我覺得最後一句是最重要的，因爲它標明了絕望的迷惑之特性。當我在前面指出那容許自由挿入的人類和人之情況的結構特性時，我曾表白了一觀念，這裏我們且回到這一觀念。正如我在一九三七年於巴黎

---

❸ Pages 29-67.
❹ *Homo Viator*, trans. E. Craufurd (London: Gollancz, 1951), p, 41.

舉行的國際哲學會議中所云，我們全都知道自己是難免一死的，這事實會誘使我們為此無法倖免的日期所催眠，而這不可避免的死亡的思想，隨時會使我們懾服，甚至會成為一種強迫性觀念。可是更有甚者，如果這種強迫性觀念控制着我們，如果它以最強烈的意義下佔有着我們，那麼它便能使一切其他事物顯得毫無意義的色調。數年前當我在牛津哲學會的會員前試圖表明我們是會死的存在這事實隱含着一種不祥的可能性時，聽衆們甚覺不解，而他們更告訴我這種態度在道德上是應被譴責的。可是這些批評者乃是在一種更應該作醫療方面的反省的情況中進行道德的推理。如果我們發現一個對死亡有強迫性恐懼的人，我們可曾以為給予他一些道德的規諫，或者告訴他這樣的恐懼是反社會的，乃是有意義的？唯有透過人們所能給予他一個活生生的愛，人們才可能將他從這種強迫性的恐懼中解救出來，或者使這為精神窒息所緊握的靈魂恢復呼吸。

但在哲學層面上我們祇能訴諸反省：正如我在一九三七年所試圖表明的，我們必須認清：相信我們註定要死亡一定會產生內在的命定論，這樣的信念是一種錯覺；如果那強迫性思想控制着我們，它便是和我們的自由有關——一種在必然會發生的死亡之前投降的自由。

現在我們可從事有關「人的自由之本質」的研究——這種研究在我們時代中比任何其他時代更屬必須。「人的自由之本質」一語，乃謝林 (Shelling) 在他一八〇九年的論文中❺所應用的；這篇論文也許正是他的傑作，而今日正被海德格任意地參引。

此章內包含着對自由的反省之哲學脈絡也許會使讀者驚異。他會詢

---

❺ *Philosophische Un tersuch ungen über das Wesen der menschlichen Frei-heit," in philosophische Shriften,* vol. I (1809).

問何以我們要強調一種不見得是明顯的自由與希望間的關係。在這裏那對我有控制力的事實就是——正如我們格外在一種存在的思想路線中所見到的——有人恰好指出一種絕對相反的關係。當一個像沙特那樣的哲學家敢於寫道：「人是註定自由的」，因而自由不再被視爲一種成就，反而被視爲一種極端的缺陷時，人們便極易被誘使將自由置於失望的核心中；要想避免由此產生的兩難 (dilemma)，那只有發明一些馬克斯主義者的方法（編者按：馬賽爾的意思是：沙特對自由的說法不能自圓其說，終於投奔馬克斯）。在這一類存在主義的觀點中，人們將會趨於將自由的人定義爲無根之人 (rootless man)，而這無根之人知道自己如此，並且願意自己如此。這種情形在那古怪的文學中表現得最爲明顯，那種文學居然會使知識份子和那些不守禮俗者 (beatnik) 一鼻孔出氣。而只有應用辯證法的江湖技藝，才能使上述拘結所產生的無政府主義 (anarchism) 一變而成爲馬克斯主義；這種馬克斯主義雖絕非正統，卻嘗試着要正統的馬克斯主義者予以接受或容忍。

　　我並非有意要對這乖謬的思想作一批判。我只會說一種嚴格的哲學思想一定會發現它是內在地無關重要的；可是從社會心理學的觀點看來，沙特在《存有與空無》(*Being and Nothingness*)一書中對這種存在的心理分析之價值的揭示，是饒有興味而貢獻良多的。他卻並沒有懷疑到，這種心理分析竟會對他日後意外地贊同的獨斷站在反對地位。

　　且把沙特思想擱在一邊，我將把我認爲自由與希望之間的關係的本性明示出來。這是極爲重要的，因爲在這裏很可能會犯上一極大的錯誤；如果弄錯了希望的眞正特性，我們往往會將它和那種紀德 (Gide) 在《大地的食糧》(*Nourritures terrestres*) 一書中所讚揚的模糊而昏亂的期望混淆起來。由此看來，自由會與一個對某些東西好奇，但從不打算將自己給予或獻身任何事物的人之觸發性 (suggestibity) 相混

淆。我想，對於自由人什麼和必須是什麼，沒有較上述看法更爲荒謬無稽的漫畫了。

作爲開端，我們必須注意這有意義的事實：我們並沒有一個人眞正可以說「我是自由的」。「人是自由的」這句話並沒有什麼意義，像盧梭 (Rousseau) 所宣稱的「人生來是自由的」則當然更是等而下之；將自由視作一種屬性乃是一最爲致命的錯誤。我會說那正好相反。如果說我們每一個人都應使自己變成自由的人便遠爲適當；那就是在可能的範圍內，人人應利用那種我曾說過的使自由可能的結構情況。換言之，自由是一種爭取——往往是部份的，不穩的，經常要接受挑戰的。而我們應再次提醒自己，自由只能產生於一種被囚禁的處境之中，最先便顯現爲對自由的熱望。但「熱望」(aspiration) 很易引起錯誤；它可以相應於一句簡單的「我會喜歡」(I should like)，而這卻與「我要」(I want＝je veux) 一語相距千萬里的。事實上我們知道希望本身是不能歸約成熱望的，因爲希望隱含着一種忍耐、一種戒愼 (vigilance) 以及一種對目標之堅定性 (a firmness of purpose)，這些都是與一句簡單的「我會喜歡」不能並存的。

說最自由的人乃是抱有最大希望者，也許主要是指出他是一個能夠給予他的存在以最豐富的意義，或投放最多賭注於其上的人。可是這已足夠排除那純粹只爲自己而活，只知搜集那些會在他心中引起興奮的、每次以不同的色調出現而當時使他得意洋洋的經驗的人。然而從這樣的火燭中，除了灰燼之外，還會留下些甚麼呢？

我在此書中所意圖陳述的思想路線中，清楚地我們只能將至此所言及的賭注想作是在主體際性 (intersubjectivity) 或友愛(fraternity)的層次上；而如果我們假定最自由的人就是最友愛的人，那麼到目前所說的一切都會獲得澄清。

　　但除非我們解明「友愛」(fraternal) 一詞的意含，否則這項陳述無法取得它最完整的意義。友愛的人和他的鄰人連結在一起，可是這連結非但不束縛他，並且使他從自己中釋放出來。我現在嘗試表明的就是這種自由才具有基本的重要性，因爲我們每一個人都趨於成爲自己的囚徒，不但是自己物質方面之愛好和激情或偏見的囚徒，最根本的是那種使自己以一己爲中心、只從自己的觀點去看一切的性向之囚徒。友愛的人則剛剛相反，在他的兄弟與他自己間的融通中，每一使他的兄弟豐富的東西同時使他豐富。

　　此處可以看出希望所擔當的角色並不難。因爲愛兄弟主要就是對他們抱有希望，那就是超出那內在於他們的開始時往往令我們受傷害或失望的行爲中的事物。另一方面，經驗肯定地表示出我們對他們的希望會使他們改變；反過來說，如果我們只將他們給我們印象最深的東西卽想作他們的本性，那麼我們便會停頓了他們的精神發展。對於教育工作者，這明顯是眞確的。以某種意義，可以說友愛隱含着一種相互間的教育。

　　此外，我認爲必須要強調，友愛排斥抽象精神及此抽象精神趨向於體現其中的意識型態。在這裏我要回到前面說過的平等和友愛間之差別。我們可以說這種抽象精神 (spirit of abstraction) 經常導致一種隔離 (segregation)；由此看來，在共產國家所實行的階級隔離並不見得比種族隔離要好。那麼如果友愛不是對所有形式的隔離之拒斥，它又將是甚麼呢？這拒斥 (refusal) 事實上乃是強調普遍性之反面。正如我曾表明的，普遍性萎縮成一純粹抽象關係的危險是始終實在的；友愛精神正是反對這種萎退。友愛所隱含的動力是愛情的動力，而不是像平等那樣以矯正精神爲後盾。然而這當然只是對一種在具體實在情況中經常無法清楚劃分的對立作一概括的說明。

在堅持友愛和自由的關係時，我並沒有宣稱已足以對自由人的主要特質下充分的定義。相反地，我認爲必須投奔到層序大爲不同的一些定義；而我在這裏特別要提出自由人對一般人所稱爲眞理的態度。

數年前，在一九五六年和一九五七年，首先在波蘭，接着在匈牙利發生抗暴事件；當我知道這些著名的抗暴事件的情況時，我被那一致的證言所震驚。證人們卻肯定兩國中的抗暴事件都是由各該政府和奴隸般的報章所積聚的謊言所引起的。一個曾留居匈牙利八年之久的外交官告訴我，羣衆所起而反對的是謊言；此外，抗暴行動的發生就說不出是以何種名義。其實那些匈牙利革命人士更清晰地了解的，是他們不惜任何代價所欲吐棄的，他們願以他們全部生命來排拒的事物，而不是他們所願以替代那深惡痛絕的政權的事物。

在反省那得自上述處境的自由（freedom）——更精確一些，釋放（liberation）——與眞理（truth）兩方面之關係時，我自問：究竟是什麼力量在向謊言抗議？什麼力量能夠在數日之內將一首都、一國家變成戰場？

也許此力量便是被承認的意志——這意志每當一個人蒙貶抑時便會受到損傷。我們可以回想杜斯妥也夫斯基（Dostoievski）在他作品中所用以表達貶抑的特殊效果的方式。例如那些大言不慚地印行於匈牙利報章中的謊言，一定會被那些被認爲接受且藉此生活的人們視爲一種侮辱。

只要不把眞理與純粹的事實混淆不清，略加反省，就會知道那被承認的意志是顯然與眞理相連結的。

那麼不被承認的又是甚麼呢？它不是那些能夠在一公文夾子記錄文件中的資料；它是某種隱含於自尊（self-respect）之特質。壓迫者彷彿是要剝奪被壓迫者的自尊。然而這是出自甚麼動機呢？對壓迫者而言，這只是爲了要使個人變成無法對抗壓迫者所追求的目標的工具。可

是自尊正包含着對於讓自己墮落至工具層面的堅拒。

這裏我們可以看到，那種從被控告者獲得虛假供詞之慣用技倆的意義。這些連檢察官自己也不相信的虛假供詞，其主要目的在於從一個人的內心毀滅他，使他從昨天的反對者變成今日的工具。那通常是在拷問和敲詐的影響下被迫撒謊的人，事實上已將自己分離，失去了那種他所是與所說（what he is and what he says）之間的一致性，而這種一致性乃是他作爲一個人的自尊之核心。這就是「破碎」(to break)一語在這種情況下的意義。那施刑者，無論他運用甚麼方法，不但使他的被害者在肉體上而且在道德上亦變成一個奴隸。那出賣眞理的人——我們必須了解眞理並不是一無意義的抽象，而是一個人自己的眞理——不能再是一個自由的人。

上面這段話說明了剛才所引用的那一情況以外的許多情況；因爲一個奴隸般的報章代表人也和他們自己疏離了。所以他們是沒有家的，德文中的「無家鄉者」(heimatlos) 一語最能表達這種意思。

我們一定要在這裏指出，追隨着他們老師腳步的馬克斯主義者強調無產階級的疏離 (alienation)，但常常顯得無法識別道德形式的疏離。而當他們偶然能夠體認它們時，他們就會牽纏入一種無法解決的矛盾中；只有藉着玩世不恭的驕橫態度才能避開那些矛盾；而這種玩世不恭的態度往往隱含着被壓抑的絕望。貝爾多得・布烈黑特 (Bertold Brecht) 的情況就是如此，而那位最近替他作傳的馬丁・艾斯林(Martin Esslih) 對這點就說得非常清楚❻。

---

❻　Brecht: *A Choice of Evils A Critical Study of the Man, His work,* and *His Opinions* (London: Eyre Spottis woode, 1959), Published in the United States under the title, Brecht: *The Man and His Work* (New York: Doubleday.)

對於我所稱「在家性」(at-home-ness) 的反省，可使我們進一步澄清名符其實的自由所不能或離的一些具體條件。我們可以想想難民的情境，縱使他們並不完全依賴公共救濟始能生活。難民情況的特性就是一無支持地懸垂着 (en porte-a-faux "without support")。這並不是說他沒有融和入社會之中，而是因為他感到自己是被容忍着，所以他對自己的語言和思想均須特別小心。

從一相似的觀點，我們必須說，現時那些無恥地自稱民主的國家裏強迫把人口大量遷移，乃是違反人道的罪過；因為這樣會威脅到那種人類所特有的深刻需要：人類不只需求內在的一致性，而且需求一種對於至少可部份地自決的社會環境的調適。我覺得這點特別重要，因為它使我們提防唯心論者的誘惑，他們將真理和純粹內在性 (interiority) 視為一事。在這點上，黑格爾主義 (Hegelianism) 和馬克斯主義 (Marxism) 揭露了一種在今天再也不能立足的錯誤想法。然而這並非要我們走到另一極端，忽視或貶抑主體性 (subjectivity) 的重要，而將所有注意集中於物質環境。

我們亦不應逃避於那些經常是騙人的折衷說法。事實上不強調整體情況，自由是不可能想像的；這些情況的整體複雜得瀕於矛盾；而我們每一個人，不論對於自己或周遭情況，必須有所體驗並加以統制，但又無法絕對統制。

根據這種觀點，將自由視為一種屬性是最荒謬不過的，因為它只能是一種部份的、暫時的勝利。要知道這些，我們只須想想，當別人問我們是否自由時，我們會陷入何等的困惑。對於這麼一個問題，沒有任何答案是可能的，因為事實上這問題是無意義的。這問題只有在變成特殊化時才會有意義。比方有人如此問我：「關於你的事業，你認為如此的一種做法是不是自由地選取的呢？」在這種情況下，一種以存在為中心

的反省會顯示出在嘗試誠實地回答如此一問題時所會遭遇的困難——這種反省不再被因果關係（causality）所困惑，當代思想，尤其是柏格森（Bergson）的思想對於免除這種困惑有很大的幫助。我們且想想這麼一種情形：某甲自己並不希望學醫，但由於他那年紀老邁或生病的父親深切渴望他的兒子繼承父業，所以被迫學醫。如果你問這青年人：「你認為你是自由地選取這職業的嗎？」他一定會大為困惑。他一定會承認受到他父親的壓力，但他可能絕對拒絕將這種壓力視為一種束縛或強制（coactio）。也許他會把別人會解釋為敲詐的東西歸諸感情或責任感，所以他會拒絕承認他的選擇是不自由的。可是我們亦須了解——此點我覺得至為重要，我以前在談及《上主的人》（Un Homme de Dieu）時便如此說——也許在生活的真實情況中再回顧他自己的選擇時，對他自己的選擇之解釋會大大變化。如果他的職業生涯是失敗的，如果他感到他事實上應將自己的存在導向另一極不同的方向，那他很可能悔恨地強調他所受到的壓力，而這種壓力後起地顯得是一種束縛。可是如果他喜歡上他的工作，在其中獲得成就，並認為他的生活是有價值而對此深感滿足，那麼相反的情況便會發生。

沿着這一方向，可以說這個基本問題只能以一種個人的形式，以及以第一人稱才能提出。只有在我們的生命像旅遊時的風景一般伸展在我們後面，我們重新回想那些可以算是我們的進步之處——經常是不確定或有問題的進步——這時那個問題才能提出。那時，我覺得我們可以自問：「我是否意識到自己曾是一個自由的人？」的確，這問題在那時將是有意義的，雖然這明顯地不可能以一簡單的是或否來回答。（岑溢成譯）

八、馬賽爾超越戲劇概說

　　戲劇實現了馬賽爾 (G. Marcel) 人類互愛的要求，正如音樂滿足了他收斂心神的渴望。「自幼年時代起，」馬賽爾寫道：「我就經驗到一種強烈的熱望，不但要去喚起與我不同的人們，而且要完全與他們打成一片，以便成為他們心靈的譯者。」❶ 他的獻身於戲劇源於他那敏感的天性，社交的絕緣，以及對自幼所熟悉的那個環境的不滿。他父親酷愛戲劇，是劇本的忠實讀者。文雅而天稟穎異的馬賽爾是獨生子。他告訴我們：「我喜歡和戲劇中的人物交談，他們成了我所缺少的兄弟姊妹。」❷ 再者，早熟的馬賽爾自幼，就置身在各種家庭糾紛、痛苦以及妨礙親族和睦的許多脾性中。

　　音樂給予馬賽爾一種超理性的心神統一，這種心神統一使他超越求學的苦悶與日常生活那些無聊的瑣事。音樂使他恢復自我，變成一個有自知之明的自由人，領悟了一種更崇高的真實，能綜合並滿全感官經驗所造成星碎不全的限制。也許劇本的寫作，是從人間的矛盾中獲得神秘的精神補救的另一途徑。馬賽爾發現確是如此。他說他的劇本是以具體的真實為主題，毫無哲學的預謀；這種戲劇超越了客觀性，將逼真的人

❶　R. Troisfontaines, S. J., *De l'éxistence à 'être,* vol. I (Paris:
　　 J. Vrin, 1953) p. 30.
❷　Ibib., p. 30.

生表達出來，傳遞給他的觀衆和讀者。

一本優良劇本是不可能爲了表達哲學思想而寫；儘管沙特(Sartre)的《無出口》(No Exit)、《蒼蠅》(The Flies)、《魔鬼與上帝》(The Devil and the Good Lord) 等劇本恰好是例外。馬賽爾的劇本都是最佳作品，但決不是所謂「論文劇本」。他對故意違反與褻瀆眞實圓滿性的封閉思想體系，加以率直的蔑視，他同時憎恨那些逞意破壞神祕、複雜、高貴而無法臆測自人類自由的教條式戲劇。在他的劇本裏，主人翁們沒有先入爲主的教理，也沒有他們不得不遭遇的任何宿命論式的命運。

然而這並不是說，馬賽爾的戲劇與他的哲學思想毫無關係。事實上兩者之間確有密切的連繫。「我是一個哲學戲劇家」，馬賽爾寫道：「我強調它們在我靈魂裏的結合。」❸但是，他從五歲時就開始的戲劇活動，最初是一種獨立的創作。在他的劇本寫成、傳誦、上演以後很久，他的哲學思維──像是他對存在急切需要所發出的另一個更爲成熟、獨立的回音──才完成並陳述那些早已蘊涵在他曖昧的劇中人物，以及他所處的錯綜環境中的眞理。因此，戲劇在馬賽爾的作品裏居於中心地位。沙特正巧與他相反；沙特首先是一位哲學家，他的劇本既產自他的思想，也爲了表達他的思想。馬賽爾堅決認爲自己的戲劇生涯先於他的哲學探討。他特別聲明：「如果不研讀我的劇本，一切替我的哲學思想作註釋的努力終將失敗。」❹

格斯東・弗薩（Gaston Fessard）在撰寫有關馬賽爾作品中戲劇與形上學的連繫時說：「這種連繫極爲密切；誰不了解寓於戲劇中心的

---

❸ M. M. Davy, *Un philosophe itinérant: Gabriel Marcel* (Paris: Flammarion., 1959), p. 76.

❹ Ibid., p. 74.

形上學的直覺，便無法領悟戲劇的深義。再說，只有在回過頭參考戲劇人物時，才能明白馬賽爾《形上日記》（Metaphysical Journal）裏完全而眞實的涵義；　形上思想在劇中人物的口中，　好似首次盛開的花朵。」❺

因此，讀者不必以爲他的劇本，就是曾以抽象名詞表達過的哲理例證。戲劇所表演的具體事象來自感覺的，比來自構思的多。它們的深義隱藏在紜紜衆生謎樣的面龐背後，甚至馬賽爾自己也可能永遠無法把握他所創造的人物底完整意義。劇中主人翁對他們親歷的痛苦所有的反應，往往足以使他們的作者本人驚奇。馬賽爾自己承認，在經過了幾年哲學思考以後，才清楚地認識他劇中的主角們。然而卽使如此，有些人物仍然隱匿在神祕中，令人看不淸他們的眞面目。因爲這個緣故，假使馬賽爾的存在哲學思想有時沒有完全具體化，他對這個問題的戲劇化倒是穩實精密。他的哲學輔助他的戲劇；在闡明兩者的關連時，他說：「哲學思想寓於戲劇中，藉着戲劇，具體地把握它自己，並給自己下定義。」❻

馬賽爾所創造的人物都是活生生的，錯綜繁複的，不可思議地沈浸在日常生活的眞實裏；他們決不是純粹的概念，也不是抽象的構思。他們有優點也有缺點，與眞實的人無異。他們的談話不會使觀衆對可靠眞理，僅僅作理智上的接受。馬賽爾說：「我的戲劇是飄泊的靈魂的戲劇，這個靈魂因與自己、與他人無法融通而痛苦。」❼

劇中人遭遇到與自己、與他人無法融通的痛苦時，他們時而神志淸明，平心靜氣，時而神經錯亂，心蕩神馳。他們的生活晦暗潦倒。這種

---

❺ G. Fessard, "Theatre et mystére", Etudes, April 5, 1938, p. 738.

❻ Quoted by G. Fessard in *La Soif* (Paris:Desclee De Brouwer, 1938), p. 7.

❼ R. Troisfontaines, S. J., op. cit., p. 35.

精神頹廢的悲劇，有時會被一道突如其來的光明所燭照，這光明刺激劇中人物與觀衆，使他們窺見自己靈魂的荒蕪。這些「思想悲劇」將演員和觀衆導入人與人存在的奧秘中。「思想悲劇迅速變成一種人與人之間以及人與自我的衝突底生命悲劇。」❽

馬賽爾戲劇中抒情與詩的成分很少；他的劇本充滿了人間事的肅穆。也許這個過火的地方是可以原諒的。究竟馬賽爾並不是寫娛樂性的劇本。按照他的自許，他的戲劇是一種融通的藝術，融通是他的戲劇的普遍主題；然而有時候，這個主題帶着消極的色彩。六十多年以來，馬賽爾作了現代這支離破碎世界之悲劇的見證人。因此他的戲劇所流露的是：人間的矛盾多於人間的契合，悲痛多於喜樂。三泉氏（Troisfon-taines）曾說：「對靈敏誠實的馬賽爾而言，凡是欺詐粗暴，驕橫叛逆，平庸僞善等，妨礙了人與人間之融通及心靈正直時，就產生戲劇，形成逼眞而可怕的景象。在千百種自私、被遺棄的愛與可悲的誤解所造成的景況中，很少有一線復活的微光。」❾

然而，馬賽爾不像沙特，後者認爲「存在的疾苦」是「無出口」的，從而將觀衆拋棄在絕望中。沙特的存在主義標榜著「地獄卽是他人」。❿意卽他人總是威脅個人的存在自由。人不幸地有了個人自由，卻又同時受到其他自由人的騷擾，於是自由人彼此侵害他人「存在與自由」的完整。人的理想乃是單獨存在，完全自足，變成自己的創造者。然而，人變成自己底上帝的夢想與途徑是癡愚的，因爲它適與上帝的概念相反。

❽ J. P. Dubois-Dumée, "Solitude et communion dans le théâtre de Gabriel Marcel", in Existentialisme chrétien, présentation de Gilson (Paris:Librairie Plon, 1947), p. 272.

❾ R. Troisfontaines, S. J., op. cit., p. 35.

❿ J. P. Sartre, *No Exit and The Flies* (New York: Alfred. A. Knopf, 1948), trans. Stuart Gilbert, p. 61.

「那樣一來，被創造物的第一責任就是否認它的創造者了。」結果沙特的
戲劇變成了宣傳品，企圖將「人是一種無用的熱情」❶的哲學思想普及
化。此種哲學思想的基本形上經驗就會令人作嘔，它最高的目的是：它
那自足的理論得以在反神論的人文主義中高奏凱歌。《魔鬼與上帝》就
戲劇性地棄絕了在他的形上哲學裏不可能有的一位上帝。《無出口》一
劇指出內在主觀性的融通是虛無荒謬的。《蒼蠅》特別證示反神論是唯
一可能的純正人文主義。

　　馬賽爾的戲劇則是形上哲學中的一種經驗，與那些以宣傳義理為上
的戲劇完全相反。雖然他的戲劇都是悲劇，卻是充滿希望和高貴真實性
的讀物。假使地獄由人造成（從某一方面說來，這也是有意義的），那是
因為人從初次接受愛的禮物——存在以後，不肯與他人和絕對存在相通，
隔離了自己。對於馬賽爾，與他人融通，不控制他人，正是形上學的核
心。在唯一而艱困的人生旅途中，應該愉悅地與人合作，勉力使自己對
他人、對上主有用，在靈魂深處完成自我的存在。馬賽爾戲劇中的這一
超越性在於提倡內在自我接受人與人之間的融通，克服其中任何的障礙。
馬賽爾切望他的戲劇能引導讀者和觀眾回到他們自己的靈魂裏去。他們
的靈魂並不是孤立的，而是以同情的愛與劇中飄泊的靈魂相連繫。這樣
他們會以一種新的眼光去看自己以及真實生活裏的伙伴們；在一種神秘
的新精神的擴展下，他們對存在的旨趣將重獲生機與福祉。這種對真實
的認識，這種對一己的存在與命運超越的領悟，是在有意識的融通中獲
得。

　　馬賽爾對他那個時代的憂苦和考驗具有極度的敏感，這使學習他戲

---

❶　J. P. Sartre, *L'être et le néant* (Paris: Librairie Gallimard, 1943), p. 708.

劇的人深深感動。瀰漫在他戲劇中的是迫切的厄運氣氛——政治的、社
會的、經濟的、科學的、藝術的、以及特別是駕乎這些以上的道德危
機。他在第一次世界大戰以前所寫的劇本，流露了他對即將被毀滅的歐
洲的恐懼。兩次大戰之間的作品，說明戰後的幻想——永恒的和平與繁
榮的幸福時代已經開始——並沒侵襲他。他證實了西方領導者們在羣衆
暴動中所唱欺人的幸福高調；這些羣衆的首要態度是憎恨憤怒，他們所
愛好的活動是暴力革命。馬賽爾的後期作品着重在自西歐重獲自由以來
更趨嚴重的人心底焦慮。他的劇本描繪熾熱的論戰，有關抗敵與通敵之
爭的如《間諜》 (L'Émissaire)，有關種族問題的如《十字架的記號》
(Le Signe de la Croix)，有關社會主義的如《標槍》 (Le Dard)，
有關生育問題的如 < 你們生長繁殖吧！ > (Croissez et multipliez)；
自願遠離祖國而流浪的《羅馬不復在羅馬》 (Rome n'est plus dans
Rome)，關於其同旨趣的有《福洛勒斯當的層面》 (La dimension
Florestan)，關於現代人良心分裂問題的有《我的時間不是你的時間》
(Mon temps n'est pas le votre)。

　　因此，戲劇人物與悲劇景象烘托出馬賽爾的主題——融通，是早在
馬賽爾自己能夠了解這些人物以前，或者說，是以較爲成熟的哲學思想
完全發揮他的主題以前許多年。馬賽爾劇本中最重要的是人物；他通常
把他們放在自己經驗過的境遇中；他所創造的人物由於天性、思想與意
願的相反而彼此衝突，這些衝突的結局總是難以預測的。能夠幸運地研讀
馬氏未曾發表作品的三泉氏說：「馬賽爾書案上有許多沒有完成的劇本，
沒有完成的原因是他沒法解決劇中的問題。從另一方面說，有時他完成幾
年前開始撰寫而中輟的劇本，因他終於發現了劇中人物發展的途徑。」⑰

---

⑫ R. Troisfontaines, *What is Existentialism?"*, THOUGHT
XXXII, No. 127 (winter, 1957-1958), 527.

在這裏我們得到了指示: 馬賽爾的戲劇與形上學是交互發展的。他以深邃的內審力, 發現他的悲劇意識建立於「存在」的胸懷。充斥於人類日常生活中形形色色的悲劇促使人想勝過這種將一切人、物當作佔有、研究及分類對象的誘惑。在每個人生命的核心部份, 由於存在的波濤與佔有的慾念相冲擊, 遂產生了悲劇和衝突。「存在」與「佔有」兩者之間的悸動理論是每一齣人間戲劇的出發點。當「佔有」勝利時, 主體就向「自我隔離」(Self-alienation)、自我客觀化 (Self-objectivization)、自我摒棄 (Self-abandonment) 等誘惑投降。這樣一個疏遠了自己與他人的「飄泊的靈魂」, 已經失去了眞正的「存在」。眞正的「存在」是與他人相偕、而非與他人抗衡。甚至佔有自己卽是失去自己。我旣不能佔有自己, 也不能知道自己; 我卽是這兩者。使自己和自知兩者客觀化而變成「佔有」物, 就是憑藉自動放棄我的主觀性, 而將我底「存在」的主要奧秘難題化。

人類生存的環境與方式使每一個人都有藉着某種客觀化的形式逃避自己的傾向。有些人使自己與他們的理想一致; 另一些人將自己塑造成環境所要求於他們的影像; 還有些人使自己冷凝成自以爲對他們的職業相當可喜的典型。馬賽爾認爲, 戲劇、哲學、悲劇和辯證, 都是爲了藉着征服那逃遁到客觀中去的誘惑, 以完成眞正「存在」而相互影響產生的。因此在馬賽爾筆下, 有一羣機巧地, 有時甚至眞誠地自我隱藏起來, 不使自己與他人見面, 而終於曝露了眞相的人。在馬賽爾戲劇中, 企圖綜合形上兩極——存在與佔有——而獲至「存在」底內在和平的劇中人, 形形色色, 與實際生活無異。這裏我們把期望超越這種相對衝突的人類活動分成四類: 宗敎、藝術、道德與愛。在分析研究這些活動時, 我們將要研究馬賽爾的六個劇本。從他三個時期的劇作中各取其二。三個時期共包括四十二年餘的作品, 出版年代是自一九一一年至一

九五三年。這三個時期就是第一次世界大戰以前，兩次大戰之間與第二次大戰以後。

第一次世界大戰以前

《恩寵》(*La Grâce*, 1911) 五幕劇

　　時在一九一〇年。法朗蘇阿絲•都勒 (Francoise Thouret) 是一個典型新近解放的女青年，具有嚴格邏輯訓練以及不妥協的頭腦。她學醫，是利艾 (de Ryer) 博士的狂熱崇拜者。利艾博士是最優秀的心理生理學家和實證主義者。她以筆名發表了一齣可恥的劇本，上演後竟獲得極大的成功。她的兄弟奧里維 (Olivier) 發現這是她的作品，慟哭不已。法朗蘇阿絲笑他太天眞，然而奧里維的正義的確使她深深感動。廿三歲的法朗蘇阿絲懷著對道德與知識的渴望，反抗任何形式的法利賽主義。

　　她同時在感情和肉身方面，愛上了謝拉•洛諾阿 (Gerard Launoy)。謝拉是個什麼都會一點，卻什麼都不精，並且仍逗留在媽媽裙邊的男孩子，有異常柔和的氣質，患了肺病。法朗蘇阿絲不顧母親的反對，拒絕謝拉所提出解除婚約的建議，反而急忙籌備婚禮。別人忠告她說：與一個剛剛離開情婦的有病男子結合，絕不會獲得快樂。她答道：她並不盼望快樂——那愚蠢而乏味的東西。她願意發現更美好的事物。管他病不病，她眼中的謝拉「是英俊的，因爲我愛他，我愛他——因爲我是我。」⑬ 於是他們結婚了，婚後往山間居住，以便使謝拉康復。

---

⑬　G. Marcel, *La Grâce in Le Seuil invisible* (Paris: Grasset, 1914), p. 31.

　　然而，法朗蘇阿絲驚恐地發現，一道精神方面的洪溝，正在他們之間開展。謝拉的病促使他皈依天主教並在恩寵中孕育滋長。至於他自己則爲一雙重的謊言齧噬殆盡。對她自己的謊言——以婚姻來滿足強烈的激情；對她所愛者的欺騙——她與瀕於死亡的謝拉結婚，並非出於她一向使他以爲的那種至高的博愛。這個謊言使她極其痛苦，她底下這句話正是對她自己說的：「眞誠也許是我們知道的唯一責任，也是我願意完成的唯一責任。」❹ 她的朋友安多奈德（Antoinette）試著安慰她，並把馬賽爾常用的主題理性化，來替法朗蘇阿絲欺騙的生活作辯護：「到底那有什麼分別呢？無論如何，人豈非始終難以彼此了解嗎？眞正的自己被人知曉又有什麼益處？你眞正知道自己嗎？你眞正知道你現在是怎樣的？」❺

　　愛能解除法朗蘇阿絲所深陷的雙重欺騙的生活麼？恩寵要來治療這一衝突。謝拉接受了那「不可探測的精神力量因垂聽了我從痛苦和罪污中發出的呼聲而給予的意外禮物。」❻ 法朗蘇阿絲也應邀來接受這項禮物，但她頑強如昔，反而成了她丈夫的阻礙。爲實證主義所排斥的奧里維非常羨慕謝拉的皈信天主教，他針對他姊姊的驕傲說：「就算謝拉的信仰是一種幻想，也比你的眞理高貴得多。」❼

　　他們終於在信仰上彼此對峙。在這種情況下，安德來（André）神父被請來照顧謝拉。法朗蘇阿絲在給她母親的一封信中，對當時的處境報告道：「這是最後的一站；恩寵快要完成它摧毀的工作，一切我曾經所愛的，所渴望的……都已離開我。」❽ 至於謝拉，他明白自己以往活

❹　Ibid., p. 79.
❺　Ibid., p. 79-80.
❻　Ibid., pp. 86.
❼　Ibid., p. 95.
❽　Ibid., p. 107.

的空虛，不過是一個俗人沈溺在不合宜的愛情中：放蕩的過去常在他心頭縈繞。似乎有些人必須要從罪惡的跳板上躍向天主。謝拉在安德來神父身上看到他久已渴望的拯救記號。安德來神父使他在最後的憂苦中安靜下來：「不要相信一個人命定該進地獄。」謝拉高聲說：「我的天主！救我脫離對將來的焦慮！」⑲

謝拉與法朗蘇阿絲由於相互無法融通，終於都封閉在精神的僵化中。謝拉幾乎越過了將來的門檻；法朗蘇阿絲則仍落在後面低處。他們每天無可避免地爭吵著。法朗蘇阿絲在絕望中向謝拉承認了謊言：「不，不是為了你，將我自己愚蠢地投到你懷抱裏，不是為了你。也不是為了救你而拒絕延遲這瘋狂的婚禮。是為了我自己……我愛你……我要你……我們一定要在夢境裏結束生活嗎？現實並不如此高貴……但這到底比使人迷醉的無聊神話好些。」⑳

他們之間夢般的生活結束了；恩寵繼續在工作。恩寵開始接觸法朗蘇阿絲：「你以為我跟不上你內在的進步嗎？難道我不知道這個進步與你病況的加重是同時的？」謝拉答道：「疾病是一種工具……人的本性總是昧於他自己的能力；他總是妄自尊大，以為他自己是一切，而自感滿足，忘記了他的來源乃是外在的、超越他自己的，他的來源同時也是他的目的。」㉑

然而，法朗蘇阿絲仍在反抗中。雖然她仍舊拒絕信仰，這種拒絕的掙扎已使她對科學的信任鬆懈。他在痛苦憂傷中去見利艾教授，責備他玩弄實證主義──「一種科學的幻想、一種遊戲、一種將人與真實隔絕

⑲ Ibid., p. 116.
⑳ Ibid., pp. 136–138.
㉑ Ibid., pp. 143–145.

的屏障。」[22]然而，失去了愛與信心，沉落在孤獨寂寞中的她卻又投入老教授的懷抱。這一與法相違的舉動似乎完成了她自殺的需求。

謝拉忽然奇蹟似地復原了。不但如此，他對自己的妻子有着一種肉慾的熱情，但他的反應太遲了。法朗蘇阿絲承認了自己的不貞。她已經把她的肉體給予一個她所不愛的男人，她不能同時再把自己給予別人了。然而她昔日的愛情仍在燃燒。「你不會知道你已再度征服了我！你心中的激情焚燒了我。啊！爲什麼我被註定在找到你時，反失去了你……我不懂……在失望中……你拒絕我……生命給予我的第一次報復……」。然而，謝拉原諒了她，他在她不貞的行爲裏看出上主的意旨，因而恢復了他心靈的平靜。「不要解釋……你的罪疚是不易解釋的……不過它會替自己辯護……振作起來吧。」可惜法朗蘇阿絲到現在還不願接受恩寵。「不！不必原諒，那是一種侮辱！」謝拉試着婉言勸道：「我沒有寬恕過你……罪疚並不在你自己。」但她依然不願接受寬宥，並繼續遁逃，逃向墳墓。「不，不要那個！……寧願死亡。」[23]

最後，兩人離異後，謝拉舊病復發。在彌留時，他恢復了他那搖搖不定的信心。奧里維雖不能分享他垂死朋友的宗敎信仰，卻喊道：「一個人信仰的深度毫無疑問是他存在的量度……也許祇有祂（上主）是人的最高渴望。」謝拉吃力地仰起身來，叫了一聲：「天主是自由的！」[24]隨即斷了氣。法朗蘇阿絲流着淚，撲向她已死的丈夫身上。至於奧里維，他一面在死友寧靜的臉上，尋找那深深和祥的秘密，一面在布幕徐徐落下時莊重地喃喃低語：「除了這張臉，什麼也沒留下……我們現在只能

[22]　Ibid., p. 159.
[23]　Ibid., pp. 200, 203.
[24]　Ibid., pp. 207, 208.

信託這張臉了……」㉕

　　本劇的結局如何？法朗蘇阿絲皈依天主了麼？奧里維重獲了失去的信心嗎？在死亡神秘柵欄的那邊，有一個愛與信心相聚的地方？有一個法朗蘇阿絲可以接受信心的恩賜而與謝拉契合的地方？許多年後，馬賽爾在一次有關本劇的演說中，承認了三個可能的答案。客觀的回答是：不。然而這個自然主義式的回答是極不可能成立的，因它忽視了眞實界形而上的、神妙的領域。所以這個回答是膚淺的。折衷的回答也不適合，奧里維就是這種回答的化身，他認爲信仰和恩寵的眞實而拒絕接受它們。謝拉的回答是唯一眞正的回答，它建立在超越眞理上——人對永生的渴望，不僅是瀕於死亡邊緣時心靈的虛幻妄想，而是人類神秘存在中神性的範疇。」㉖ 恩寵並非夢境，更非對永久存在的至高妄想，而是越過有形的墳墓，越超自然無形的界限，在與「絕對」（The Absolute Thou）活生生的交往裏，與所愛者一起並與他融通的經驗。

《沙宮》（*Le Palais de Sable*, 1913）四幕劇

　　羅偕・摩阿蘭（Roger Moirans）是右派政治家，也是一個維護教會的國家主義者。他提倡天主教道德，以便對抗反教會的自由思想者。開幕時，他正在一個省城裏接受熱烈的喝采。時間是在第一次世界大戰以前不久，那時他剛剛在市議會的一次集會中，擊潰了有利於反教會份子的民眾教育力量。舞臺上充滿了高度的喜劇和諷刺性的景象。

　　摩阿蘭的長女德蘭陷在不美滿的婚姻裏，她正在計劃離婚。顯而易見地，摩阿蘭堅決反對這件事。他反對德蘭的離婚，除了宗教上的原因以外，還有危害他政治生涯的顧慮。他的幼女克拉里絲（Clarisse）是

㉕　Ibid., p. 209.
㉖　M. M. Davy, op. cit., p. 116.

他的驕傲與快樂；他在她身上看到自己精神的反映。但是克拉里絲宣佈她要作聖衣會修女時，眞使她父親大吃一驚，進而企圖打消克拉里絲修道的意願。戲劇性的衝突就發生了。

摩阿蘭害怕自己活潑聰敏而漂亮的女兒會葬送在隱修院裏。至於克拉里絲，她對父親毫不通融的反對感到驚奇不已。父親反對她的修道豈不正與他的政治工作——擁護天主教——互相矛盾？尤具諷刺性的是：摩阿蘭發現促使女兒要做修女的竟是自己。有一天他和克拉里絲步行到聖衣會隱修院去，一路上他再三肯定地談論着宗敎，平靜了克拉里絲對死亡強烈的恐懼。她希望每日晨起時，都能生活在那一刻所體驗的和平境界裏。然而，摩阿蘭繼續用他理論的雲霧，來掩蔽她精神的太陽。

他譴責克拉里絲要逃到一個和平的世外桃源，去躲避人間無法躲避的誘惑與罪惡。但克拉里絲否認她所尋找的祇是平靜；她進隱修院並非逃逸，而是抗衡。在以熱愛與劇痛來衡量生命價值的高崗上，鬥爭最可怕。她所渴求的不是膜拜中神魂飛昇的寧靜，而是戰鬥與勝利。克拉里絲對父親也有一些譴責：他的信心是假的，他不相信她的犧牲會爲她尋到滿全的未來生活；他的一生不啻是一段漫長的謊言，一個騙局，祇把宗敎當作人類無節制行動上一種必要的約束而已。他的涉獵宗敎正如一個講求實用主義的文藝愛好者。他所信仰的並不是一位超絕的上主。

在這個所謂信仰的危機中，父女倆兒都來到相互澄清的境地。摩阿蘭嫌惡所看到的自己；要是他有那種勇氣，他會在死亡中找到解脫。他贊同了克拉里絲的意見，他必須放棄護敎者的職責，因爲實際上他並沒有皈信那個宗敎。他要退出政治，以便解決他生命中最大的謊言，作爲他走向道德完整與拯救的第一步。

然而，摩阿蘭的疑惑現在傳染給他的女兒了。克拉里絲突然落入紛

擾中，她懷疑她想做修女的希望終究只是一個夢嗎？它眞的不是一種逃遁嗎？她向一位無能的神父求援，結果更加強了她的紛亂。這時候，摩阿蘭譏諷地提出了他退出政治的一個交換條件：「祇要克拉里絲放棄她進隱修院的決定。」❷⑦

在一次突發事件裏，教會需要摩阿蘭。費逸（Vielle）主教促請他繼續從政，摩阿蘭說他不再是天主教徒，事實上，他從來沒有作過天主教徒。主教輝煌的言辭並未能把摩阿蘭挽留住。主教對摩阿蘭正如摩阿蘭對他的女兒，成爲一塊在追隨聖召途上使人顚仆的石頭。主教失敗的地方正是摩阿蘭成功的地方。摩阿蘭藉着克拉里絲之助，克服了主教的誘惑。然而，父親的信心已像沙宮般倒坍無餘，現在他把小克拉里絲也一併拖下水去了。他利用自己的犧牲作爲詐取的條件，繼續慫恿克拉里絲放棄她的聖召。她漸漸感染上父親的懷疑。一位神父又對隱修院生活表示了愚見，把它形容得很可怕。克拉里絲在嫌惡中斷定他父親是對的，而且答應踐行他們這次奇怪交易中她那方面的義務。摩阿蘭似乎勝利了，然而他勝利的代價是自己的盲目，也使他世上唯一眞正愛的人盲目。

克拉里絲祈禱與寧靜的天堂逝去了，她變得不快活、孤獨和恍惚不定。她在「天和地之間……與上主生活自嫌太低，在人羣中生活又嫌太高」❷⑧的境況下，拖延著她的存在。當彼埃•塞凡（Pierre Servan）向她求婚時，她回答道：「因爲你將使我快樂，我不能接受……有些人是爲不快樂而生的。」❷⑨雖然她眞愛他，她卻仍因想念失去的天堂而苦

---

❷⑦ G. Marcel, *Le palais de sable in Le Seuil invisible* (Paris: Grasset, 1914), p. 346.

❷⑧ Ibid., pp. 385–386.

❷⑨ Ibid., p. 374.

惱。她現在不願像普通人一樣結婚生子。但是彼埃不死心地爭辯：「你若不緊守着你對死後的那線希望，就不會毀掉快樂之源——生命本身的來源……你的態度是可憎的。你若像我一樣看過幾百次垂死的生命，像微弱的火般閃爍在滅亡的邊際，你就會明白現在的生命是唯一可珍惜的。但不，你昏昏然走向幻景，對這點你眞的一無認識。死者不會懊悔……允許我卸下整個靈魂的重荷，因爲我們以後不再見面了。我甚至無法讚賞你，雖然你走的路確是艱難，但它會帶給你救贖；雖然它的門是窄的，但卻開向天堂。」❸❹「你對天堂知道些什麼？你對拯救又知道些什麼？」克拉里絲道：「對你，這些僅僅是空話或無意義的蜃樓。天國是在我們心裏。它並不是我們死後要去的奇境；而是一塊有無窮信心在滋長的福地；永生不是一個希望，不是一個將來，而是今天、現在。」❸❶

　　最後克拉里絲責備她父親爲精神謀害者，使她懷疑信仰。「你使我懷疑，在懷疑中我變成了另一個人……驕傲做了我的導師。爸爸，這是你的罪行。你希望解釋我的信心，反而將它殺死了……信心決不會自然死去的；精神界中祇有自殺與謀殺。」❸❷現在生活對克拉里絲變得平凡而難以忍受；她被放逐於幻想中的世界中。最後的打擊終於來臨了。她那久已離家可厭而又暴虐的老母親，現在歸來了。從前克拉里絲與她父親曾有一些思想上的融通，在她母親那方面則是墳墓般的孤寂。但現在也許她母親能有些幫助了。「媽媽，你聽……我在這裏，媽媽……」克拉里絲跪著。「你在祈禱。你向誰祈禱呢？」❸❸摩阿蘭問道。她什麼也不回答。父女之間因信心的失落而不復相契了。

---

❸❹　Ibid., p. 378.
❸❶　Ibid., p. 378.
❸❷　Ibid., pp. 381-382.
❸❸　Ibid., pp. 393, 398

恩寵的生活會再回來嗎？我們無法確知。對於馬賽爾，恩寵予人自由。什麼是自由？馬賽爾說：「沙特和我基本上的不同是我從不以自由為絕對的，在我看來，這個自由祇有在它參與恩寵，和恩寵相連的情況下才能存在。」❸法朗蘇阿絲與謝拉、克拉里絲與摩阿蘭，無疑地證明了馬氏這一論點。人與人間往往有模稜兩可與隔離的情形，這道看不見的難關只有神的恩賜與自由意志方能穿越，以至於主體際性和共融就更形重要。

兩次大戰之間

《上主的人》 (*A Man of God*, 1921) 四幕劇

克羅特‧勒莫安 (Claude Lemoyne) 是新教的牧師、理想的牧者。他是一個有教養的神職人員；他避免浮淺的言詞，而以堅實合理的教誨養育他的教民。他的奉獻是完全的，他承當一切的風雨，並且忠告、幫助、安慰、援救任何處於困境中的人。他的妻子艾特梅 (Edm'ee) 是宣傳福音最得力的助手。在這樣一個和諧的家庭裏，發生了一件出人意外的事。克羅特之兄法朗西 (Francis) 帶來了一封信，說克羅特之女奧斯蒙特 (Osmonde) 的生父米雪爾‧桑廸艾 (Michel Sandier) 要求在死前一見他的女兒。

二十年前，他們婚後不久，艾特梅有過一個愛人，米雪爾‧奧斯蒙特就是他們的私生女。但艾特梅曾向克羅特懺悔求恕；當時克羅特自己正陷於一種長期的痛苦中，不知是否應放棄他的神職。在這個為妻子的

---

❸ M. M. Davy, op. cit., p. 123.

不貞所煎熬的靈魂深處，一種神妙的恩寵光照了他，使他獲得寬恕的力量。他的寬宥奇妙地擴延了他的靈魂，並且使他對自已職責的神聖、莊嚴有了新的認識。他把這經驗告訴他母親道：「是的，我原諒了她，我將永不會忘記原諒了她所帶給我內在的安寧，我深感有股『力量』與我同在，可是並沒有取代我，反而增強了我的意志。從那一天起我看清楚了我的路。就在我要在黑暗中摸索之前……來了這個考驗，媽媽，這個考驗。在那可怕的幾個月以前，這字對我只是一個空洞的字彙。可是在我經歷了那一切以後……」㉟

由於雙方的同意，艾特梅的不貞已經被抹拭，也從未影響他們夫婦間的和諧。奧斯蒙特根本不知道這個難堪的故事。然而艾特梅本身卻由於對這件事的意識而影響了她和奧斯蒙特之間的關係。奧斯蒙特常到樓上去照顧一位房客的小孩；那位房客的妻子患了不治之症，使他不啻成了一個活鰥夫。奧斯蒙特討厭她母親對她過於嚴厲的監督，遂向克羅特要求一種不受嫌疑的自由生活。米雪爾的請求不啻在這小小的衝突中放下了一枚炸彈。克羅特會答應米雪爾的請求麼？他能怎樣拒絕他呢？對合法請求的拒絕難道不是一種懦怯的行為？難道過去尚未消逝？寬恕從那裏始？在那裏終？至於米雪爾，恩寵的時期何其短暫！何況，拒絕米雪爾的請求會傷害克羅特傳道工作的基礎！

艾特梅驚愕不已。克羅特居然能如此冷情！他敢請她的情夫到家裏來？「你的容忍，你的寬大簡直使我受不了，使我作嘔……不錯，你是原諒了我，但並不因為你愛我……你為什麼寬恕我？……對我有什麼益處？」㊱

㉟　G. Marcel, *Three Plays* (New York: Hill and Wang, 1958), trans. *Rosalind Heywood and Marjorie Gabain*, p. 47.

㊱　Ibid., p. 59.

　　原來二十年來，克羅特對她的愛只不過是一種職業性的作態而已！他扮演着一個善良牧人的角色，從他優異的表演中，獲取個人的利益。克羅特的豁達大量——他與艾特梅生活的基石，現在受到了損傷。艾特梅的不信任傳染給她的丈夫。勒莫安家庭在猜忌的沙土上搖幌，在惶惑與紛亂的疾風中坍塌。克羅特迷失了他精神的方向與他的傳敎使命。他懷疑自己過去所做的一切與現在所做的一切是否眞誠無欺。一種靈魂內在的枯萎使整個家庭陷於苦惱中。艾特梅不再信任自己懺悔的眞誠，她回到克羅特身邊祇爲了安全的緣故麼？除了自己，她曾愛過克羅特？米雪爾？或任何其他人嗎？奧斯蒙特疏遠她母親，計畫與樓上的有婦之夫私奔。

　　米雪爾不等牧師的回音就出現在勒莫安家裏。他冷靜地面對艾特梅與她的丈夫。但克羅特臨時被人請去，留下艾特梅和她的情夫獨處一室。他們兩人的談話緊張而尖銳，就心理上言更是發揮的淋漓盡致。這是戲劇家馬賽爾揭露流浪靈魂的技巧底最佳例證。這種對話有激情的氣氛，急速確實的節奏，沒有一個廢字，表示思想與感情的音調，隨着具有毀滅性的激盪情緒越升越高。接近墳墓的米雪爾說中了艾特梅的要害，艾特梅掠奪了多年前他們詩意般的愛。艾特梅祇愛過她自己；她的憐憫，愛和忠信都祇對她自己，而不曾對「我們」有過；嫉妬是她的弱點；有計畫的怯懦是她逃避道德上不安全的避難所。她惟恐自己是導致米雪爾墮落的罪魁。偏偏因她而「變壞」的米雪爾卻拒絕給她所迫切尋求的「清白證明書」。⑰「假如當年你能多拿出點勇氣，少顧忌點操守，誰知道……我們可能會在一起生活。」⑱

---

⑰　Ibid., p 74.
⑱　Ibid., p. 74.

　　米雪爾剛一離開，克羅特就返家，發現艾特梅驚惶失措。他們兩人
卽刻爭吵起來。艾特梅的罪行發生在克羅特門前，要是他曾像個丈夫，
而不只是像個傳道者一般來愛她的話，她絕不會失貞。至於他的寬恕，
他不過利用了一個奇異的機會來「拯救一個可憐罪人的靈魂」。第二幕
閉幕時，臉色發靑的克羅特跳起來，向他所懷恨的妻子叫道：「住嘴，
你在毀滅我啊！」❸劇中人物彼此傷害而至於精神崩潰，能不使觀衆悲
感？

　　最後的傷痛是克羅特與眞實的最後連繫──奧斯蒙特的信賴和愛
──的中斷。當克羅特向她揭露她出生的眞相，奧斯蒙特驚懼的瞠目結
舌。隨後她很快就對母親採取了激烈地反抗。「啊！我多麼恨她！」❹
她對克羅特原先懷着極度的同情，直到有一天，她發現克羅特這些年來
根本就知道此事，然而由於一時的羞愧，他居然向她撒謊說他才獲知艾
特梅的不貞。現在，他們之間的一切都蕩然無存。「我們三人彼此不再
有任何幻想了。」❹奧斯蒙特決定要了結這場虛僞傳統與妥協所造成的
糾紛，投入樓上有婦之夫的懷抱；克羅特希望能夠得到內心的安寧或者
自殺。「若不能讓人認識眞正的自己……不如長眠不起。」❹艾特梅爲
逼近的孤寂而懼怕。最後，可憐的牧師爲善良敎友所感動，轉而祈求上
主道：「我是誰？我是什麼？我有什麼價值？」其他的思想泉源曾經給
予他謊言；他的家人，他的敎民與他自己都不能解答這個謎。他向「絕
對的你」作痛切哀求：「讓人認識眞正的自己……」本劇在一個希望中
閉幕，這希望就是：但願這個上主的人會重獲他精神生活的中心，恢復

❸　Ibid., p. 79.
❹　Ibid., p. 91.
❹　Ibid., p. 108.
❹　Ibid., p. 111.

他形而上的平衡，他那曾邀至恩寵的悲劇生活驅策他回到上主之前，重新負起他昔日超越的使命。

《標槍》(*La Dard,* 1936) 三幕劇

當第二次世界大戰戰雲籠罩歐洲時，歐洲正以弱小無力的鄰國餵養納粹巨獸，試圖緩和它的兇暴。馬賽爾戲劇改變了這個風暴的焦點。他那「兩可性的戲劇」反映出使國家與人類靈魂轉爲黝暗的高度道德危機。處處可見妥協者的病態精神在腐蝕歐洲的精神本質。雨傘代替了十字架成爲拯救的標記。 就在這種國際性的幻想與叛亂氣氛中， 產生了《標槍》。

《標槍》一劇的衝突集中在人性尊嚴的基礎上。矛盾發生在歐司達許‧索勞(Eustache Soreau)教授與德國歌唱家韋納‧雪內 (Werner Schnee) 之間。歐司達許是工人階級的教師，激昂、悲憤； 他因娶了一位官運亨通的政治家的女兒雅替特麗絲 (Beatrice Durand Fresnel) 而贏得金錢和權勢。在求學時代， 他與嘉德路‧海莎 (Gertrude Heuzard) 一同爲社會黨效勞。 嘉德路因向她的學生作革命性的宣傳而被解除教職。歐司達許經過了個人極大的奮鬥從勞動階級一躍而置身貴族羣中。但是這一成功引起他昔日急進同志們嚴刻的蔑視。惶惶不安且過份敏感的歐司達許便用對右派的強烈攻擊言辭來平息自己良心的不安。然而他在這方面的成就也正是他進一步苦惱的泉源， 因爲這無疑說明了他過着欺騙的生活；他是革命社會裏想的叛徒，另一方面， 革命卻仍是他樂於獻身的對象。

早年當他在馬堡大學任講師時， 曾與韋納邂逅而成爲密友。 韋納是一位優秀的歌唱家， 離開了納粹德國。 韋納冒死與路道夫 (Rudolf Schontal) ——猶太共產黨員——爲友， 使他的妻子奇瑞拉 (Gisela)

極感不快。路道夫受盡納粹的虐待，目前臥病瑞士，瀕臨死亡。當歐司達許向流亡的韋納家人伸出援手時，也正是他們友誼開始破裂之時。歐司達許是主義的崇拜者，韋納則輕視抽象觀念。憎恨納粹主義，因而拒絕參加任何黨派；他甚至不願與其他德國的政治難民往來，以免感染他們偏狹的思想。最主要的是韋納要作一個眞正的人，他討厭使人的神秘性流於粗鄙境地的口號與標語。在另一方面，歐司達許對勞動階級仍存餘的效忠與關注損壞了他整個人格。他斥責韋納爲個人主義者，責備他的妻子沈溺在中產階級的特權裏，辱罵他母親向她的富有媳婦屈膝諂媚。黨派心是歐司達許道德生活上的病症，這病使他把一切普遍性歸爲義理。韋納譴責歐司達許心胸窄狹，傲慢地論斷人，不按人們內在普遍的優點來判斷，而逞意將他們分門別類。歐司達許感覺到自己妻子贊同韋納，心生嫉妒。他們之間敵意的鬪爭於是愈擴愈大。最後，歐司達許卑鄙地向奇瑞拉洩露了韋納託他嚴守的一個秘密——一個德國政府的使者曾邀請韋納返回納粹祖國，祇要他擁護希特勒，他就能在一家歌劇院獲得首演權。韋納斷然拒絕了這個邀請，接受了自我貶黜。膚淺輕率的奇瑞拉知道了這事，竟大發雷霆；她離開了韋納，跟隨一位富有的德國男爵，從此離開了不堪忍受的難民生活，回到祖國的安逸中去。歐司達許經常因背叛了勞工階級而憂傷，現在又背棄了他的朋友。

　　然而，似乎沒有一種疏遠不會產生一些補償性的親近；就這樣，在韋納與佩雅替麗絲之間產生了一線情，韋納具有感動人心的稟賦；佩雅替麗絲則失去了爲義理而奮鬪的丈夫。不過縱使在佩雅替麗絲發現自己的丈夫愛上社會主義者嘉德路而傾心韋納時，韋納也不曾運用他的才能來引取同情。他不知道自己是否能抗禦對佩雅替麗絲的感情，遂決定返回德國，但不是在希特勒信徒提出的條件下回去。一種良心的自責促使他回去爲納粹集中營裏的政治犯人作些英雄的事。也許他能爲他們唱

歌； 他雖然不能成爲他們政治上的同盟， 卻能成爲他們在苦難中的伙伴。他能陪伴他們並將他的愛給與他們。難道韋納感染了歐司達許的罪疚心？也許。但他對自己的命運：逮捕、放逐或死刑不抱任何幻想。只是在他回國以前，他必須盡力幫助佩雅替麗絲，使她堅強起來，使他相信拯救來自上主。無論如何， 他要使她明白， 他的歸去不是自殺的行爲。自殺！「決不」韋納反駁道：「自殺是一種罪惡……而我祇是將自己交給……」「交給什麼？」佩雅替麗絲問道： 「主義？革命？」「我對主義不感興趣，」韋納再三強調地回答：「我感興趣的是人。」❸但佩雅替麗絲希望挽留住他。她丈夫不會拋棄她？而和那淫婦，那曾經刺傷她有芒刺的槍——嘉德路——逃走？韋納勸佩雅替麗絲繼續幫助她丈夫，因爲祇有她能援救他。「你不可拋棄他，你總要記住你是一個貧者的妻子……貧窮並不是缺乏錢財，也不是失敗。歐司達許有錢；他也是個成功的人，然而他仍舊是個貧者，而且會變得更貧窮。無疑的，他永不會從貧窮中痊癒。這就是我們這個時代的最大罪惡，它像瘟疫一般流行着，至今沒有醫生來治療它，也沒有人能診治它。藝術家們雖然忍飢耐餓，卻得以倖免這一災患。眞的，除了把自己完全獻於祈禱的眞正信者，其他的人都在危險中。」❹

佩雅替麗絲抗議韋納要求她與患麻瘋病的人生活。 韋納 預言道：「我怕，麻瘋病區正在人世不停地延展，在這些地區，祇有少數人有那種恩寵——知道自己身處患者之間而仍然愛他們。比恩寵更好的是： 他們需要神糧來獲得旅途中的支助。」❺佩雅替麗絲辯道，沒有韋納，她將沒有勇氣去面對現實。最後，韋納要她在與所愛者的共融中尋找奮鬥

---

❸ G. Marcel, *Le Dard* (Paris: Librairie Plon, 1936), p. 115.

❹ Ibid., pp. 117–118.

❺ Ibid., p. 118.

的勇氣。他自己正在共融裏吸取冒險回國所需要的勇氣。「你會想念我，正如我想念路道夫一樣。將來我會在你心中生活，正如路道夫活在我心裏一樣。那時候你會記起一星期前我對你說的話『假如地上祇有活人，佩雅替麗絲，我想活在地上是完全不可能的事』。**⑯**

一九六一年，馬賽爾在哈佛大學威廉•姆斯講壇，以哲學詮釋本劇時說：「貧窮不是缺乏財物，不是失敗，但我們知道它像瘋瘋病似的流行着。那麼貧窮究竟是什麼？我想它可以說是我們這個時代的一種抽象精神——我們可毫不猶疑地如此說吧——它在共產主義中有了雖非唯一卻是最可怕的化身。這種抽象精神與愛的缺乏是不可分的，我的意思是說：沒有能力以人的方式去對待人。而以一些概念和一些抽象名稱來代替活生生的人。將在地上擴展的瘋瘋病區（記得這是一九三九年寫的）正是馬克斯形式中抽象精神的人民民主『政體』」。**⑰**

《標槍》一劇提出了下面這個致命而尚未解決的問題：重要性、以自我為中心、憤慨的平等主義（歐斯達許的義理），與重實際、以他人為中心的友善精神（韋納的博愛），兩者中那一種會得勝？無可異議地，國家與公民將不得不在這兩者中作一驚人的抉擇。馬賽爾認為人的尊嚴，惟有在超越的自由生活中才能獲救，因為這種超越的自由生活加強人認清其一己之存在，與他人息息相關。

---

⑯　Idid., pp. 87, 118.
⑰　G. Marcel, *The Existential Background of Human Dignity* (Cambridge, Mass.: Harvard University Press, 1963), pp. 122-123.

第二次世界大戰以後

≪間諜≫ (*L'Emissaire*, 1945-1949) 三幕劇

　　馬賽爾對第二次世界大戰以後，法國抗敵份子在肅清工作上的過火之處表示反感。在他那所謂的「黑暗年代」，法國人在猜忌、恐懼與報仇的風氣裏彼此傾軋。每一個法國公民都覺得自己會被控通敵。嚇詐欺騙成爲誣害仇人的普通手段。細心的讀者會注意到，這種紛亂的情況使得劇中人慢慢地吐露自己，好像間諜在敵國與其他隱匿的間諜相遇一般。特別是在這個劇本裏，讀者和觀衆能領會馬賽爾的警告：「不論在那裏，我都不以抽象的觀念爲出發點，然後再用戲劇來證明它們。」❹

　　克累蒙・費利埃(Clement Férrier)在波屬西利西亞的獄中關了十六個月，現在回家了。像什麼徵兆似的，他始終保持着緘默，與他的親人見面時也不顯得愉快。人家把他那森嚴的沈默，歸咎於他所受的劇烈痛苦，因他到家時祇剩一身殘存的骨頭。然而一種不安籠罩住鄰居們的心田。「他怎麼回來的？ 他是逃亡回來的嗎？ 他與敵人合作過嗎？」克累蒙拒絕接見記者，不回答任何問題，不發表任何意見。但當他的女兒西爾非亞 (Sylvia) 的未婚夫安東 (Antoine Sorgue) 向他道賀時，他大聲說：「不！ 不！ 不是愉快；不要用那個字，我求你。」❹ 可憐的克累蒙好像仍舊生活在惡夢裏，註定了要死去似的，他嘴裏盡講着可怕得令他妻子麥廸達牽腸掛肚的話：「麥廸達，別懷疑……你在和一個死人說話！ 」❺

---

❹　Ibid., p. 117.

❹　G. Marcel, *L' Emissaire in Vers un autre royaume* (Paris: Librairie Plon. 1940), p. 32.

❺　Ibid., p. 41.

　　過了些日子，費利埃家收到一封信，是克累蒙俘虜營中的同伴，一位醫生寫來的。在集中營裏蔓延的一次流行病中，范道倫（Van Doren）醫生救過一位納粹官長的命。這位官長感激他，願意釋放他。但他勸納粹官長釋放克累蒙，因克累蒙的病況嚴重，而且曾經企圖服毒自殺。「我深信」，醫生寫道：「他（克累蒙）在爲了我們折磨自己；他一定把這件小事告訴你了。他那時並不願意接受我的好意。但是我覺得我能夠忍受到底，而他卻會在幾星期或甚至幾天中死去。」❸ 因此克累蒙的自覺慚愧是可以了解的。但他爲什麼厭棄他的家呢？

　　麥廸達是那種依然相信良心的人。她也是一個頭腦簡單的教徒；她老把事物搞混，把人搞錯。她以爲抵抗德國人是一種分宗裂派的舉動。她希望克累蒙的驚悸可由一位Ｘ光專家或者一位眼科醫生來治療，正如人們拭去礦工身上的污穢和煤屑一樣容易。克累蒙的幼女西爾菲亞是一個很不安定的女孩。大戰發生以後不久，她與她的朋友諾艾彌（Noemie Vitrel）一同從事抗敵工作。然而在參加了幾次秘密會議以後，她離開了工作崗位而與安東訂婚。此後不久，諾艾彌因從事西爾菲亞原先的工作，被捕放逐。

　　安東是個率直、眞誠而機警的天主教徒，但他並不可愛。揭示本劇曖昧關係的人就是他。最初，奮起抗敵的西爾菲亞想跟他絕交，但安東以他的熟練穩重與深刻的同情心，去了解那些陷於抗爭與通敵漩渦中的人，這使她又愛上了他。安東自己曾經作過俘虜，在薩克松尼關了一年。他起先以爲是因病而被遣走，後來才知道是一個通敵者替他謀得了自由。在德軍佔領法國的初期，他曾在一家印刷德文宣傳物的出版社工作。費利埃的長女安娜•瑪利（Anne Marie）與其夫培特朗•索累

<hr />

❺ Ibid., p. 88.

(Bertrand Sorel) 原是抗敵的活躍份子。培特朗與他無神論者的兄弟羅偕 (Roger) 都懷疑安東曾經通敵，且反對洛蘭 (Roland) 與他母親戴格摩阿(De Carmoy) 夫人，因他們企盼過德國的勝利。休戰後，洛蘭涉嫌通敵而被捕，在獄中吊死，戴格摩阿夫人聽到愛子之死隨卽自盡。洛蘭到底犯了什麼罪？他是個誠實的青年，一直是荷爾特林哲學社團的一員，甚至在這個團體陷於「多種贊助人」手中時，他仍固守舊位。使安東重獲自由的人就是他。再者，他反對戰後法國肅淸政策的過激手段，並且期望以雙方的知識份子爲橋樑，來謀求德法二國間的和平。洛蘭也許的確很天眞，但他決不是叛國者。

雙雙自殺促使精幹而富同情心的西爾菲亞回到安東的懷抱。然而她覺得她原先打擊通敵者的信念依然正確。「成千成百的人」，她曾經告訴通敵的戴格摩阿夫人道：嚐過了地獄的滋味……地獄，太太！在你工作的那個漂亮而反動的教區，我想很少人會提到這個字眼吧！無疑地，這一定很令你欣慰，因爲提到它實在旣不合宜又乏味……然而地獄的確有的，你們這批人，正是這人間地獄的作俑者，成天想盡辦法將地獄投入人間。你們怎能不感到羞愧？我聽你說話，就好像聞到最髒地牢裏的惡臭。」[52]

在整個劇本裏，抗敵者與通敵者都似乎憑他們的責任感與正直的良心來行動。兩方面都極欲批判對方，歸罪對方，而且兩方面都在復仇心的驅策下這麼做了。然而，極具諷刺性的是：兩方面都行過也做過惡事。克累蒙受一位戰犯之助獲得自由，後者比他活得更久，且無意中促使他早進墳墓。至於洛蘭，他是因怯懦而自殺？抑或是他太驕傲，受不了狹窄的黨政者所給予他的煎熬？他母親自殺是爲了追隨洛蘭嗎？或是

---

[52]　Ibid., pp. 71-72.

她也與他一樣失望？諾艾彌從獄中歸來時變成了一名毒辣的共產黨員，她堅信西爾菲亞出賣了她。西爾菲亞不能確知自己有沒有出賣朋友，她曾冒稱生病而離棄抗敵工作，這使她受到良心的責備。為什麼她不願與返家的諾艾彌見面呢？這種廻避可以證明她背棄朋友，作阱自陷。無神論者羅階擺脫了抗敵的迷夢，因向西爾菲亞求婚失敗而憂傷。他渴求真理而一無所獲，祇有嘆息道：「啊！但願有真理在……」❺❸ 安東既無法確定自己愛國動機的純正，更無法確定自己愛國心的誠摯。要是抗敵者與通敵者能彼此諒解，彼此信賴就好了！然而最大的悲劇是：儘管我們極願這麼做，還是免不了彼此誤解，彼此傷害。基本的劇中場面總是模稜兩可，有時甚至複雜得令人絕望。當西爾菲亞問安東，他是否終於從心靈的痛苦中解脫了，安東回答道：「解脫了同時又沒有解脫，西爾菲亞，這是我們所能做的唯一答覆：我們信同時又不信，我們愛同時又不愛，我們是同時又不是。假如事實果真如此，這是因為我們正向一個我們看得見，而同時又看不見的目標前進着。」❺❹

也許西爾菲亞對她母親的回答，蘊含着可能拯救大家的真理：「也許重要的不是活着，而祇是……和解。」❺❺ 最後安東的信心表示了通向超自然救恩之路，通向永久和解的時間與地點之路：「自從父母雙亡後，我發現了一件事：所謂生者實際上不僅是繼死者而生，更是依死者而生；我們全心所愛的人成為一種活的不可見的拱門，我們感覺到它、經過它、依賴它，即使我們年長力衰，老之將至，我們仍舊能夠生活下去，走向一切在愛中安息的時刻。」❺❻

---

❺❸　Ibid., p. 110.
❺❹　Ibid., p. 108.
❺❺　Ibid., p. 189.
❺❻　Ibid., p. 109.

《十字架的記號》(*Le Signe de la Croix,* 1938-1951) 三幕劇

一九三八年，在巴黎•勒娜 (Lena Lilienthal) 太太是最近從維也納被驅逐的猶太難民，目前和她的姪女寶琳•拜諾艾 (Pauline Bernauer) 以及寶琳的丈夫西門 (Simon) 同住。西門是個有造詣的音樂家，他的一生都沈浸在音樂裏。他有四個學齡的孩童，三個兒子，即大衞 (David)、詹•保爾 (Jean Paul) 和亨利(Henri)，一個女兒名叫奧黛 (Odette)。 西門稟賦聰慧，這種稟賦在悠久而光榮的以色列民族史上，使以色列人出類拔萃。西門深信人類皆兄弟，他具有無比的惻隱之心，並極爲思慕「絕對」者。他大無畏地揚棄一切偏激、不合理性的思想。 然而他那兩可的人格是這樣的: 他對法國「愛國運動」很感興趣。(法國「愛國運動」大致擁護毛拉斯 (Maurras) 與多德 (Daudet) 的愛國號召)。 但他不附和他們對猶太人的誹謗。 他的長子大衞是一個慧黠激昂的大學生，他責備父親閱讀法國愛國書籍時，遇到攻擊猶太人的地方， 毫不動怒， 但西門卻勃然大怒道:「這樣說來，我命運註定了就得像猶太人一般思想與感覺嗎？你要把我禁閉在一種固定的思想方式裏、一種精神上的囚籠裏嗎？你難道不知道最無聊、最惡劣的禁錮正來自種族主義嗎？就是經由種族主義你武裝了敵人。你預先爲他們最駭人最危險的罪狀做了辯護。哦! 我常想是猶太人自己把種族思想投入了世界。」[57]

西門拒絕和其他猶太人聯合組織一個與法國公民並行的社團。他認爲正是這種不合理的「猶太人集合運動」才產生了同樣不合理的「反猶運動」。 他抱怨猶太人過份的固守在一起， 往往一個人社會地位一高，

---

[57] G. Marcel, *Le Signe de la croix in Vers un autre royaume* (Paris: Librairie Plon, 1940), p. 161.

經濟情況一好，他就立刻提升其他的人。這樣做本身並沒有什麼錯，悲哀的是他們拒絕紮根於會使他們更幸福的博愛中。他們在法國企求與法國人平等，然而同時他們又像法國共濟會員一般生活着。西門所覓求的首先是博愛，而不是平等。前者是主體際性的愛，後者則是對事物的敵意競爭。所以西門不願參加任何拂意的寄生性的社團——那種「咱們是特異優秀民族」的社團——，因爲這樣的社團反而使政治體系瓦解。

在另一方面，寶琳不滿於財富所給予的可厭的保證。她有極強烈的排外心，她希望多以種族的，少以倫理的聯繫來維持她家的團結。當她聽到在醫學界謀求高位的同胞，都因種族關係落選時，她喊道：「假如法國背棄我們，她不再是我們的祖國了。」但西門對她迂腐的行徑表示憤懣； 他們中間遂發生了爭吵。寶琳惱恨西門稱他的同胞爲「一個部落」。「我們是一個團體，」她嚷道：「我們愈受迫害，愈有決心來感知和肯定這個團體。」[58]西門企圖在他們的爭吵中滲入理智，「但你實在不知道你所生活的罪惡圈子，怎樣悲慘！ 怎樣險惡！ 正因爲你們執拗地結成社團，無止息地同行，遠離他人而讓你們的敵人走在前面，不但如此，你們武裝了自己的劊子手。」[59]

西門的次子詹•保爾因不能忍受空虛的生活，皈依了新教。他獲得父親的諒解，卻遭到母親堅決的反對。那時候，在旁系親戚裏，另一悲劇正在醞釀。寶琳的兄弟雷翁 (Léon) 和劇烈反猶的歐岱 (Odette) 結婚。他被法國醫界所摒棄， 有人請他到美國去。 祇要他所愛的歐岱重新愛他， 他很願意接受這個邀請。 但歐岱傾心於克薩費埃•勒凡拉 (Xavier Reveillac)，正計畫和雷翁離婚，以便和克薩費埃結婚。克

---

[58]　Ibid., pp. 170-171.
[59]　Ibid., p. 172.

薩費埃的反猶倒並不是因爲他恨猶太人，而是因爲那是當前的歷史任務。他預言將有戰爭，他預言德國的勝利，與猶太民族的滅亡。法國被佔領的那一天，猶太人的逮捕和放逐隨卽開始。西門、寶琳、勒娜姑姑和孩子們都逃到法國南部。大衞、詹•保爾仍留在巴黎。大衞在參加科隆納家的巴哈音樂會時，身穿猶太服裝，意圖一顯民族的驕傲與對自己的愛好。這當是一種漠視佔領政府命令的鹵莽行爲。他立卽受到嚴厲的懲罰，在納粹的迫害下失踪了。詹•保爾潛逃到南部，向家人與朋友報告這個悲劇。

當時在南部，有一位慈善的蕭懷生 (Scheweigsam) 神父，他幫助勒娜姑姑逃避正在向全法國伸長的納粹羅網。特羅彌埃(De Romière)主教的避難所祇爲法籍猶太人開放，因此尚未獲得法國公民資格的勒娜姑姑得不到同樣的庇護。蕭懷生神父邀她到自己家裏避難，建議她作他家中的一員。但靈敏而善感的勒娜說她不能利用一個她從未皈依的宗敎。她雖然沒有接受蕭神父的好意，卻懷着信心把自己交托給超越的存在，並甘願忍受痛苦和死亡。「我逐漸屬於另一個王國。」

當納粹網南移時，歐岱與克薩費埃願意幫助西門家逃亡美洲。西門寧願與他的猶太兄弟們一同受苦，不願逃到美洲去享樂，因此決定與勒娜姑姑留下。寶琳不願也不能了解西門靈魂裏深刻的意向，她苛責西門爲無理而不忠於家庭責任的丈夫。於是自己偕同孩子們逃亡。至於西門，他的拒絕逃亡使他變成了一個新人。悲劇愈接近他的同胞，他愈渴望參與他們的苦難。迫害在他與所有猶太人中間，尤其是在他與被壓迫的猶太人中間，創造了一個新而更有力的聯繫，一種勝於人間普通聯繫

---

⑩ G. Marcel, *The Existential Background of Human Dignity* (Cambridge, Mass.: Harvard University Press 1963,), p. 125.

的聯繫。西門現在談到一種產生在他與同胞之間的「聖事性的聯繫」
（Sacramental Bond）。於是他懷着自我犧牲的精神，深信離開苦難
的兄弟們將是不忠誠的背叛行為。

　　馬賽爾在一九四八年所寫的結論中，向我們介紹了劇中的憂患餘
生。蕭懷生神父為寶琳讀一封信，這封信是由一個與西門同受患難卻逃
脫的囚犯帶來的。信上說勒娜姑姑在抵達集中營時就死去。西門苟延殘
喘，為苦難與勒娜姑姑的榜樣安撫、聖化。勒娜姑姑雖死猶生，彷彿仍
在心靈上與他一起生活。但他的健康迅速轉劣，逝世時有一位新教的牧
師陪伴着。讀這封信時，奧黛在場；雷翁和寶琳拒絕寬恕她。神父盡力
使他們和解，他告訴他們，西門逝世前，曾原諒救了他家人的歐岱與克
薩費埃，並且為他們祈禱。克薩費埃後來被抗敵份子逮捕處死，在獄中
他曾經企圖自殺，沒有成功；但在他刑前痛悔前疚，恢復了兒時的信
仰。也許西門的祈禱拯救了他。寶琳不能效仿亡夫的寬仁嗎？她和雷翁
到死懷着仇恨的心，拒絕承認恩寵與奇蹟的可能性，更不必說接受它們
為真實了。

　　因此，悲劇在一種痛苦的矛盾中閉幕。西門和勒娜姑姑因為不願與
受難的兄弟們分袂，而未曾作基督徒。然而，他們的生和死都在使他們
與聖者融通的信心和愛中完成。迫害的火焰將「咱們是特異優秀民族」
的偏狹觀念，變成一種憐憫融通的超越行動。因為一旦十字架的記號被
認作融通的途徑而加以擁抱時，這個苦難的象徵終能征服膚淺的團結與
醜惡的法利賽主義。迫害能淨化思想的偏狹，引導人離開「我們結社獨
立的地位」，趨向「我們是你的」這個理想。十字架的記號意謂着將人
與事在主內合一，主為了宇宙與人羣而遭受十字的迫害。如果這個記號
是為人自由地接受，它就是和解的路。如果它被拒絕，它就是疏離潰崩
之時。

當我們迅速完成了馬賽爾戲劇的巡禮，我們深深感懷着對每一位劇中人的尊敬。我們認識了人是經驗的最重要的中心點——是擴往熙來的世界、星際的革命、膨脹的宇宙、急進的歷史底中心點；這一切與半神者（人）的起伏相比，都是微不足道的。每一個獨一無二、無法替代的人，不斷地在一種欽羨、同情和疏離的氣氛中被人發現。這些劇本是人性衝擊的回響，是時而和諧，時而不和諧的主體際性之交響曲。卽使在劇中人很顯然地已陷於失望自絕之境，觀衆仍對他們懷着一線希望。也許在不可見的界限以外，內在衝突已經治癒，他們會躍升到超越境界。無論如何，每一個劇本都給予人生以希望，都邀請觀衆越過成敗得失，抵達人生主要而普遍的眞理——「共融的眞實與認識，卽是盡可能少為自己而生存。」❻ 對於馬賽爾，戲劇是智慧之路，是激起人對存在滿懷感謝之情的途徑，是向他呼籲全心委身於人間融通的聲音。從技巧上來說，這些劇本無疑的是心理劇、思想劇、靈魂劇。然而它們不僅祇揭示出每一位劇中人物自己的命運，而且啓示了與人的超越存在必然相繫的人與其精神的最高目標。甘奈特・格拉葛 (Kenneth Gallagher)說：「除非觀衆對舞臺上的情景感動地說：『我也是如此。』而不說：『他們是如此』劇本對他就沒有益處。」因此馬賽爾的劇本摒棄頹廢、荏弱，失去對個人的信心和冀望孤獨的冷漠態度，自我中心的或集體的存在——沙特型的社會。他的劇本是為有血有肉的人而寫的，這些人雖然還在悲劇環境裏浮沉，卻獻身於一種人性的生活，知道將有形與無形，現時與永恒有效地結合，達到參與生命與諸聖相共融底妙境。（方泰譯）

---

❻ Kenneth Gallagher, *The Philosophy of Gabriel Marcel* (New York: Fordham University Press, 1962), 114.

九、馬賽爾生平及著作簡表

一八八九年　十二月七日生於巴黎。

一九一〇年　經國家考試獲 agrégé 資格。

一九一二年　在 Vendome 任高中敎師。

一九一四年　主持紅十字會的情報中心，替軍人家屬調查戰時失踪者的
　　　　　　消息。開始撰寫《形上日記》。同年發表最早完成的兩個
　　　　　　劇本 (La Grâce 與 La Palais du Sable, 此書稱爲
　　　　　　Le Seuil Invisible, Paris: Grassset)。

一九一九──二二年　在 Sens 執敎哲學。同時創作了許多劇本。

一九二五年　發表《上主的人》(Un Homme de Dieu, Paris:
　　　　　　Grasset)。

一九二七年　《形上日記》(*Journal Metaphysique,* Paris: Gall-
　　　　　　imard) 出版。

一九三五年　《是與有》(*Être et Avoir,* Paris: Éditions Mo-
　　　　　　ntaigne) 問世，其中包括《形上日記》續編。

一九四〇年　《從拒絕到呼籲》(*Du Refus a L'Invocation,* Paris:
　　　　　　Gallimard) 出版。

一九四五年　《旅途之人》(*Homo Viator,* Paris: Montaigne) 出

版。同時，《羅伊斯的形上學》(*La Métaphysique de Royce,* Paris: Aubier 1945) 問世。

一九四九——五〇年　應邀赴英國講學。

一九五一年　英國講學講稿出版，稱爲《存有的奧秘》(*The Mystery of Being,* 2 Vols. Chicago: Regnery 1951)。

一九五五年　《有問題的人》(*L'Homme Problématique,* Paris) 出版。同年，《對抗人類的人》(*Les Hommes Contre L'Humain,* Paris: La Colombe 1951) 問世。

一九五六年　發表《福羅雷士蕩的層面》(*La Dimension Florestan,* Paris: Plon) 劇本。到那年爲止，一共發表二十六種劇本。

一九五九年　發表《臨在與不死》(*Présence et Immortalité,* Paris: Flammarion) 哲學著作。

一九六一年　應美國哈佛大學邀請主持「威廉·詹姆斯」講座。

一九六三年　哈佛大學講稿發表，稱爲《人性尊嚴的存在背景》(*The Existential Background of Human Dignity,* Cambridge, Mass: Harvard Univ. Press)。

一九六三年以後（準確年份不詳）　赴日本講學。

一九七三年　十月初逝世。

蘇曼殊大師新傳	劉心皇 著
近代中國人物漫譚	王覺源 著
近代中國人物漫譚續集	王覺源 著
魯迅這個人	劉心皇 著
沈從文傳	凌宇 著
三十年代作家論	姜穆 著
三十年代作家論續集	姜穆 著
當代臺灣作家論	何欣 著
師友風義	鄭彥棻 著
見賢集	鄭彥棻 著
思齊集	鄭彥棻 著
懷聖集	鄭彥棻 著
滄海粟飄八三年	周世輔 著
三生有幸	吳相湘 著
孤兒心影錄	張國柱 著
我這半生	毛振翔 著
我是依然苦鬥人	毛振翔 著
八十憶雙親、師友雜憶（合刊）	錢穆 著

語文類

訓詁通論	吳孟復 著
翻譯新語	黃文範 著
中文排列方式析論	司琦 著
杜詩品評	楊慧傑 著
詩中的李白	楊慧傑 著
寒山子研究	陳慧劍 著
司空圖新論	王潤華 著
詩情與幽境——唐代文人的園林生活	侯迺慧 著
歐陽修詩本義研究	裴普賢 著
品詩吟詩	邱燮友 著
談詩錄	方祖燊 著
情趣詩話	楊光治 著
歌鼓湘靈——楚詩詞藝術欣賞	李元洛 著
中國文學鑑賞舉隅	黃慶萱、許家鸞 著
中國文學縱橫論	黃維樑 著
古典今論	唐翼明 著
亭林詩考索	潘重規 著

滄海叢刊書目（二）